La double vie de Sabrina

Vous aimez les livres de la série

Sabrina

l'apprentie sorcière

Écrivez-nous

pour nous faire partager votre enthousiasme :

Pocket Jeunesse, 12, avenue d'Italie, 75013 Paris.

Sabrina

l'apprentie sorcière

La double vie de Sabrina

Diana G. Gallagher

Traduit de l'américain par Bertrand Ferrier

2e édition

POCKET jeunesse

Titre original :
Now You See Her, Now You Don't

Publié pour la première fois en 1998 par Pocket Books, États-Unis

Loi n° 49 956 du 16 juillet 1949 sur les publications destinées à la jeunesse : mars 2002

ISBN 2-266-11831-5

Tu as envie de lire des romans drôles, pétillants, irrésistibles ?

Abracadabra !

La série

Sabrina

l'apprentie sorcière

est faite pour toi !

Toute mon affection à Jennifer Alyse Carter, amie et futur auteur

1

Tout va bien !

Salem sursauta. Était-il encore en train de rêver ? Dans son demi-sommeil, il lui semblait entendre quelqu'un crier !

C'était Sabrina qui chantait à tue-tête :

« Je vais bien, tout va bien ;
Je suis gaie, tout me plaît... »

Salem s'étira en ronchonnant :

— Ça va, ça va, je suis réveillé, arrête de me casser les oreilles !

Sabrina serra son chat contre elle.

— Qu'est-ce que tu as, mon petit Salem ? Tu es de mauvais poil, aujourd'hui ?

— Toi, tu as l'air de super-bonne humeur... Ça m'inquiète !

— Tu as tort. C'est juste que je vais bien et que tout va bien ! Écoute plutôt : on est vendredi, donc, dans quelques heures, les cours sont finis. Et j'ai terminé hier soir mon devoir d'anglais pour lundi. C'est top, non ?

Sabrina était aux anges. Sa vie était carrément géniale, et pour plein de raisons !

Un, elle habitait une superbe demeure victorienne, où elle avait une grande chambre pour elle toute seule.

Deux, elle vivait avec Hilda et Zelda, ses tantes, et celles-ci l'a-do-raient ! En plus, elles étaient trop chou et ne faisaient vraiment pas leurs six cents ans.

Trois, Sabrina avait une super-amie sur qui elle pouvait compter, Valérie. Quand elle était avec elle, Sabrina en oubliait les méchancetés en tout genre de sa pire ennemie, Libby Chessler.

Quatre, elle était une apprentie sorcière, ce qui présentait pas mal de bons côtés, même si ça l'empêchait de voir sa mère parce que... Mais Sabrina ne voulait pas penser aux choses tristes, ce matin-là.

Salem sauta des bras de Sabrina. Tiens, ça aussi, c'était bien : avoir un chat qui parle. En réalité, Salem était un sorcier, mais le Conseil des sorciers l'avait transformé en chat pour cent ans, après qu'il avait essayé de devenir empereur du monde.

Cela dit, si Sabrina allait bien, c'était surtout grâce à...

Salem interrompit sa rêverie d'une voix soucieuse :

— Méfie-toi, Sabrina ! Tu es atteinte de bonheurite aiguë. Je ne vois que ça comme explication.

— Je suis atteinte de quoi ?

— De bonheurite aiguë.

Sabrina fronça les sourcils.

— Et c'est grave ?

— Ça peut le devenir, confirma le chat. Tu me fais penser à Pollyanna... Tu sais, la petite fille qui trouvait toujours que tout allait bien...

— Non, je ne sais pas. Alors raconte ce que c'est, cette bonheurite machin !

Salem prit tout son temps avant de lui répondre. Il se gratta l'oreille droite avec la patte arrière gauche, puis l'oreille gauche avec la patte arrière droite. Ensuite seulement, il regarda la jeune sorcière :

— Toute personne coupable de réveiller son chat le matin, parce qu'elle est contente sans motif valable, est atteinte de bonheurite aiguë.

Sabrina éclata de rire.

— Tu vois ! Tu rigoles alors que ce que j'ai dit n'a rien de drôle ! renchérit le chat.

— Et quels sont les autres symptômes, docteur Salem ?

— Optimisme incontrôlé, sourire permanent,

rire injustifié... Il va falloir qu'on trouve un remède, et vite !

— Je ne suis pas malade, docteur, je vous le jure ! s'écria Sabrina. Et ce n'est pas ma faute si je vais bien quand tout va bien !

— Arrête de répéter ce refrain idiot ! Ça me donne envie de vomir.

— Eh oh ! Pas sur mes draps, s'il te plaît !

Sabrina saisit son chat par la peau du cou et fit mine de le jeter par la fenêtre.

— Alors, dis-moi la *vraie* raison de ta bonne humeur, rétorqua le chat.

— Hier après-midi, j'ai passé un test-surprise avec le Maître de Magie. Je ne me suis pas trop mal débrouillée, et, par-dessus le marché, je suis tranquille pour tout le week-end !

— Pas si sûr ! s'exclama Salem.

Sabrina laissa retomber son chat sur le lit.

— Pourquoi ? Tu as des scoops sur le sujet ? demanda-t-elle.

— Non, mais je réfléchis, moi.

— Tu réfléchis ? C'est inquiétant, Salem ! Tu ne serais pas atteint de réflexionnite aiguë, par hasard ?

Le chat grogna et tourna ses yeux flamboyants vers Sabrina :

— Écoute-moi, au lieu de dire des bêtises. Comme tu as eu ton test-surprise hier, tu penses que le prochain n'est pas pour demain, n'est-ce pas ?

— Ce que tu es intelligent, Salem ! Je suis impressionnée. Mais, sans vouloir te vexer, c'est exactement ce que je viens de t'expliquer...

— Eh bien, nigaude, si le Maître de Magie souhaitait te soumettre à un test-surprise, il devrait le faire maintenant, puisque tu ne t'y attends pas. Ce serait vraiment surprenant, pour le coup...

Sabrina marqua un temps d'arrêt. Un frisson la parcourut.

— Mais non ! murmura-t-elle pour se rassurer. Ce n'est pas son style. Il ne le ferait pas, hein, Salem ? Il ne le ferait pas, hein ?

Le chat s'était absorbé dans sa toilette. Il feignit de ne pas avoir entendu la question. Sabrina ne se laissa pas abattre :

— Non, c'est impossible. D'ailleurs, depuis que tu m'en as parlé, je m'y attends. Donc ce ne serait plus vraiment un test-surprise. Et puis, à l'heure qu'il est, le Maître de Magie doit être parti courir après Vénus...

— Vénus ? Beurk.... Qu'est-ce qu'il peut lui trouver, à cette idiote ?

— Il est amoureux, Salem, a-mou-reux ! L'amour, ça ne se commande pas !

— Tiens, tiens... Quel enthousiasme ! Il n'y aurait pas du Harvey dans l'air ?

— Je vais faire du roller avec lui, ce soir, c'est tout, avoua Sabrina en rougissant.

Voilà celui qui manquait à sa liste de bonheurs : Harvey. Un garçon adorable (le plus adorable de tout l'univers) et merveilleusement gentil (le plus gentil du monde). Sabrina sortait avec lui depuis quelques mois. Et, plus le temps passait, plus leurs sentiments devenaient forts.

— Ah, d'accord ! s'écria Salem. Je comprends mieux ton enthousiasme !

— Tu es bête, lui lança Sabrina. Ce n'est pas la seule raison ! Je suis de bonne humeur parce que...

Salem fila sous le lit pour ne pas entendre de nouveau la chanson de Sabrina. Il y avait eu droit trois fois, c'était au moins deux de trop !

Tout sourire, la jeune fille jeta un regard sur sa montre. Plus beaucoup de temps pour prendre sa douche, s'habiller, déjeuner et arriver à l'heure au lycée.

Elle s'engouffra comme une tornade dans la salle de bains et faillit renverser Hilda. Vêtue d'un vieux T-shirt et d'un pantalon délavé, sa tante s'observait dans la glace, la mine inquiète.

— Ah ! Sabrina, tu tombes bien ! s'exclama-t-elle. Regarde-moi ces rides, là, autour des yeux ! C'est la cata ! J'ai l'impression d'avoir mille ans, ce matin...

— Tu exagères ! Je t'en aurais donné à peine neuf cents...

Sa tante haussa les sourcils.

— Ha ha ha, grinça-t-elle. Tu verras comme c'est drôle, d'avoir des rides, dans quelques siècles... Tu es sûre que ce n'est pas ta faute ?

Sabrina n'était encore qu'une apprentie sorcière, et il arrivait que ses sortilèges ne réussissent pas parfaitement.

— Non, tante Hilda, répondit-elle. Je n'y suis pour rien, promis.

— Alors, c'est que ma peau se fane plus vite que moi...

Sabrina eut un geste d'impuissance. Les sorcières vieillissaient beaucoup plus lentement que les mortels, mais elles finissaient par prendre quelques rides, elles aussi. C'était inévitable, à moins que...

— Un sirop contre le vieillissement, ou une pommade magique pour rajeunir la peau, ça doit exister, non ? suggéra Sabrina.

— Hum, ce n'est pas aussi simple que tu as l'air de le croire ! À la cour de Cléopâtre, des mages avaient découvert un breuvage très efficace contre le vieillissement. Hélas, leur potion avait un effet secondaire : elle transformait tous ceux qui la prenaient en statues de pierre...

— Quelle horreur ! fit Sabrina. Pourtant, j'ai

du mal à croire que ce soit super-difficile d'effacer quelques petites rides...

— Eh bien, détrompe-toi ! Cela fait des millénaires que les sorcières essaient, mais aucune n'a encore trouvé la bonne formule. Heureusement, Zelda a eu une idée...

— C'est pour ça qu'elle est allée dans toutes ces bibliothèques d'Europe ?

— Exactement. Tu sais, Sabrina, les alchimistes du Moyen Âge ne se passionnaient pas uniquement pour la transformation des métaux en or. La plupart cherchaient l'élixir de l'éternelle jeunesse. Zelda est persuadée qu'il reste des traces de leurs expériences dans les très vieilles bibliothèques.

— Et elle a déniché quelque chose ? lui demanda Sabrina.

— Je crois. Elle était sur une piste, en tout cas !

Sabrina embrassa rapidement sa tante. Elle était en retard. Plus le temps de se doucher. Elle pointa l'index sur elle et zappa. Et voilà ! Elle était prête à partir au lycée.

Elle avait rendez-vous avec Valérie. Ensemble, elles devaient décider des questions qu'elles poseraient aux élèves, à la cantine. Si leur rubrique « Les élèves ont la parole » plaisait aux lecteurs, elles pourraient devenir des collaboratrices régulières de *La Lanterne de Westbridge*. Ce serait génial !

— Tu m'expliques comment tu fais pour prendre ta douche sans te mouiller ? Je t'avoue que ça m'intéresse, persifla Salem alors que Sabrina passait devant lui.

Sabrina considéra son chat de ses beaux yeux bleus :

— Hilda occupe la salle de bains. Et puis, ça n'a pas grande importance, aujourd'hui...

— Pourquoi ?

— Mais parce que je vais bien, tout va bien ; et parce que je suis gaie, tout me plaît !

Soudain, un éclair illumina la pièce.

— J'espère que ça aussi, ça te plaît, lança le chat.

Sabrina bondit en arrière. Elle avait compris ce qui se passait : quelqu'un arrivait de l'Autre Royaume. La porte de la penderie s'ouvrit à la volée, et Amanda apparut.

2

Cette peste d'Amanda !

Sabrina, cachée derrière la porte, retint sa respiration. Pourvu qu'Amanda ne l'ait pas repérée ! C'était sa cousine, mais Sabrina ne l'aimait pas : elle était mauvaise, et toujours prête à jeter des sorts.

Qu'est-ce que cette peste pouvait bien fabriquer ici ? Une odeur de shampooing à la lavande envahit la pièce. Amanda était l'image même de la petite fille sage. Elle portait une longue robe en velours vert, ornée de fins rubans blancs. Mais, avec elle, il ne fallait pas se fier aux apparences ! Elle dissimulait sa méchanceté sous des airs de sainte-nitouche, ce qui la rendait encore plus dangereuse.

Salem tenta d'alerter Hilda :

— Au secours ! Il y a une sorcière dans le...

Mais avant qu'il ait pu achever sa phrase, Amanda l'avait zappé :

— Comme c'est mimi !

Elle avait transformé Salem en boîte à gâteaux en porcelaine, avec des yeux en plastique... Sabrina frissonna. Désormais, pressée ou pas, elle devait rester pour aider son chat !

En zappant, elle s'habilla d'un col roulé noir, d'un pantalon jaune et de petites bottines. Puis elle pointa son sac à dos et, délicatement, elle repoussa la porte. Avant de monter l'escalier, Amanda fit disparaître Salem d'un claquement de doigts. Où ? Mystère !

À cet instant, Sabrina entendit tante Hilda sortir de la salle de bains. L'apprentie sorcière voulut l'avertir...Trop tard ! Elle laissa sa cousine s'expliquer avec sa tante. Hilda n'avait rien à craindre de ce poison : Amanda y réfléchirait à deux fois avant de lancer des sorts à une sorcière aussi expérimentée !

— Zelda ! cria Hilda.

La porte de sa sœur restait fermée. La chambre était située de l'autre côté du couloir, si bien que Hilda n'avait pas vu la terrible fille de sa cousine Marigold s'approcher derrière elle.

Pour sa part, concentrée sur Hilda, Amanda ne s'était pas rendu compte que Sabrina la suivait...

— Zelda ! continuait Hilda. Ce n'est pas possible ! Tu dors encore ?

Sur la pointe des pieds, Sabrina se faufila dans la salle de bains. Là, elle écrivit un mot sur le miroir, à propos de Salem. Hilda ne pourrait pas le manquer ! Quand elle saurait ce qu'Amanda avait infligé au chat, elle obligerait cette peste à inverser son sort.

— C'est vrai qu'un petit coup de repassage sur le visage ne te ferait pas de mal, ricana Amanda.

Hilda sursauta avant de se retourner d'un bloc :

— Qu'est-ce que tu fiches ici, toi ?

— Ouh là là ! s'exclama Amanda sans daigner répondre. Je n'avais pas remarqué que tu étais ridée comme une pomme !

Et elle zappa Hilda. Depuis la salle de bains, Sabrina vit la figure de sa tante se plisser et se couvrir de dizaines de rides profondes.

— Annule ce sortilège immédiatement, Amanda, ou je te transforme en pâtée pour chat, dit Hilda sans se démonter.

— Je ne risque rien avec Salem !

— Ce n'est pas à lui que je pensais...

Hilda zappa en direction de sa chambre. Aussitôt, un rugissement terrible ébranla la demeure.

— ... mais à un gros chat... Un lion, par exemple !

Amanda haussa les épaules et zappa de nouveau. Tante Hilda retrouva son visage normal.

— Je ne sais pas d'où tu sors, Amanda, lâcha-t-elle. Personne ne t'a invitée, que je sache ?

Ses yeux dans les yeux de la petite sorcière, Hilda pointa un index menaçant.

— Et alors ? la nargua Amanda.

Sabrina s'avança discrètement dans le couloir. Elle pouvait partir, sa tante avait la situation bien en main.

— Je sais que, dans les livres et à la télé, les sorcières vont et viennent comme ça leur chante, il faudra te faire à l'idée qu'on n'entre pas chez nous comme dans un moulin !

L'index de Hilda toucha la joue d'Amanda. Celle-ci se baissa vivement.

Pendant ce temps, Sabrina s'était zappé un manteau et des gants assortis. Et, soudain, *poffffff* ! elle se téléporta au lycée.

Éblouie, Sabrina mit un certain temps à se rendre compte qu'il y avait erreur. Elle était devant une grande maison qui ne ressemblait pas à son lycée !

— Salut ! lança une voix chaleureuse.

Sabrina se retourna et vit une petite fille de sept ans qui faisait de la balançoire.

— Tu n'as pas chaud ? lui demanda l'inconnue en cessant de se balancer.

Sabrina déboutonna son manteau.

— Euh, si, un peu, reconnut-elle.

— Tu es venue voir ma tante ?

— Non, non, pas du tout ! Je ne sais même pas où je suis ! En ce moment, je suis censée être en cours à Westbridge.

— Eh bien, tu devrais être contente !

— Ah bon ? s'étonna Sabrina

— Oui, confirma la fillette. C'est casse-pieds, les cours, non ?

Elle ajouta sur le ton de la confidence :

— C'est ma spécialité : quand tout va de travers, je trouve toujours un petit truc qui va bien.

Sabrina sourit :

— Comment tu t'appelles ?

Depuis la maison, quelqu'un cria :

— Pollyanna ! Ne te salis pas ! Le Révérend sera là d'une minute à l'autre.

« Pollyanna ! », songea Sabrina. Comme la fille dont Salem lui avait parlé, le matin...

— Ah ! soupira Pollyanna. Toujours inquiète, celle-là ! Pourtant, avec un peu de bonne humeur, tout s'arrange !

Sabrina acquiesça d'un hochement de tête et se toucha le front. Elle ne se sentait pas bien.

Pollyanna continuait de parler avec elle comme si elles étaient de vieilles amies :

— Tu vois, prendre le thé avec ma tante et le Révérend, ça devrait me rendre malade. Ils sont tellement ennuyeux ! Mais, sans cela, je n'aurais pas le droit de manger les délicieux petits cookies à la cerise que prépare notre cuisinier. Alors, finalement, je suis *très* contente d'aller m'ennuyer avec eux !

Soudain, Sabrina sentit qu'un éblouissement la reprenait. Et, *pofffffff !* Sans comprendre ce qui lui arrivait, elle se retrouva dans les toilettes du lycée, près de son casier ! Tout cela n'avait-il été qu'une hallucination ?

Hilda fut soulagée de voir Amanda disparaître au fond du couloir. Elle soupira, puis pointa l'index sur la porte de Zelda. Elle manqua zapper sa sœur quand celle-ci ouvrit brusquement le battant.

— Hilda, qu'y a-t-il ? s'enquit Zelda.

Elle avait les cheveux en bataille et l'air encore endormi.

— Je suis en train de devenir une vieille sorcière toute décatie, répondit Hilda.

— Mais encore ? s'inquiéta sa sœur. J'ai cru entendre quelqu'un ricaner, tout à l'heure...

— Tu as bien entendu, confirma Hilda.

Inspirant profondément, elle s'apprêtait à expliquer ce qui s'était passé, quand la porte de la penderie s'ouvrit d'un coup. L'Autre Royaume faisait de nouveau irruption dans la demeure des Spellman !

Hilda fut soulagée quand elle constata que ce n'était que sa cousine Marigold. Celle-ci, une chaussure au pied droit, l'autre à la main, semblait paniquée :

— Où est passée Amanda ? demanda-t-elle en s'appuyant à la rampe pour chausser son pied gauche.

« Personne ne devrait s'offrir en spectacle de la sorte ! », s'offusqua Hilda.

— Ne t'inquiète pas, dit-elle. Je l'ai renvoyée dans l'Autre Royaume.

— Ouf ! lâcha Marigold. Ma fille se comporte parfois plutôt mal, et je n'ai pas le temps de passer derrière elle pour tout réparer.

— C'est joliment dit ! ironisa Zelda. Effectivement, Amanda se comporte parfois « plutôt mal »...

— Mais pourquoi a-t-elle quitté l'Autre Royaume ? s'enquit Hilda.

Marigold soupira :

— Elle a fugué, une fois de plus... Est-ce que, par hasard, vous auriez un peu de café ?

— Je crois que j'en prendrais bien une tasse, moi aussi.

Hilda se dirigea vers la cuisine :

— Je m'en occupe. Il faut que tu sois en forme, Zelda !

Amanda était assise sur le lit, ses jambes pendant dans le vide.

« Les adultes sont terriblement ennuyeux... Mais, cette fois, ils ne m'empêcheront pas de m'amuser ! »

Une chose était sûre : le sort de Hilda l'avait loupée ! En se baissant, elle avait réussi à l'éviter. Ensuite, elle s'était zappée elle-même pour faire croire à sa tante que son sort avait fonctionné.

En fait, Amanda était dans la chambre de Sabrina. Et elle en détestait la décoration...

3

Une vraie tacastrophe !

— Ah ! enfin, Sabrina, te voilà ! s'exclama Valérie. Ça va ?

— Oui, oui..., murmura la jeune fille.

— Tu es sûre ? Ça n'a pas l'air !

— Si, si, ça va.

— Il ne *faut pas* que tu sois malade ! s'affola Valérie. Je te l'interdis ! Je serais incapable de rédiger « Les élèves ont la parole » toute seule. Dès que je suis stressée, je perds mes moyens... et je suis stressée ! Libby va nous observer. Au moindre faux pas, elle nous dénoncera à Mme Quick pour prendre notre place !

Soudain, la journaliste en herbe frissonna :

— Oh, mon Dieu ! Et si... si j'attrape le hoquet ? et si je me mets à raconter n'importe quoi ? et si je ne trouve plus rien à dire ? Ça serait une tacastrophe !

Sabrina éclata de rire :

— Oh oui ! une vraie tacastrophe ! Je crois que tu as inventé le mot de la semaine.

Valérie grimaça.

— Tu vois ? Ça commence !

— Ne t'inquiète pas. Je ne suis pas malade. Je pourrai parler pour toi... et comme ça, pas de tacastrophe !

— Bon, tant mieux !

Ses livres de classe sous le bras, Valérie sortit de la poche de son manteau un petit carnet à spirale et un stylo.

— Alors, quel sujet choisit-on pour inaugurer la rubrique ? s'enquit Sabrina. Le premier baiser ou la Troisième Guerre mondiale ?

— Ni l'un ni l'autre. Il faudrait quelque chose de plus... de moins... enfin, un truc qui attire l'attention, tu ne crois pas ?

— Bon, bon, alors, qu'est-ce que tu as concocté ? lâcha Sabrina.

— « Et si les filles faisaient le premier pas ? », lança solennellement Valérie.

— Mais d'où tu sors, toi ? Les filles *font* le premier pas ! Demande à Libby : avec Harvey, elle n'arrête pas de le faire ! Heureusement qu'il ne la laisse pas faire le deuxième...

— C'est vrai, concéda Valérie, je suis au courant. Mais c'est parce que c'est une star ! À part elle, il y en a très peu qui osent... Donc on pourrait demander aux garçons ce qu'ils penseraient *si* une fille prenait l'initiative, et aux filles *pourquoi* elles ne la prennent pas.

Bang ! La porte s'ouvrit brusquement, et Libby entra dans la pièce en coup de vent. Elle heurta Valérie sans daigner s'excuser. Celle-ci chancela et ses livres s'éparpillèrent sur le sol. Sabrina se pencha pour les ramasser. Son regard s'attarda sur la couverture de *Robinson Crusoé*, de Daniel Defoe.

Et, *poffffff !* Sabrina sentit qu'un vertige la prenait. Éblouie, elle tenta de se protéger les yeux de ses mains. Quand elle regarda à nouveau autour d'elle, elle aperçut des hommes noirs à demi nus. Ils dansaient autour d'un feu où bouillonnait une marmite.

Sabrina céda à la panique. Jusque-là, elle n'avait jamais eu affaire à des cannibales.

Hilda reposa sa tasse de café et s'éclaircit la gorge :

— Hum, je ne veux pas te mettre à la porte, Marigold, mais il serait peut-être temps que tu ailles voir ce que traficote Amanda dans l'Autre Royaume, non ? Je l'ai zappée il y a près d'une demi-heure, et Dieu seul sait ce qu'elle est capable de fabriquer !

— Oh, ne t'inquiète pas, elle sévit là-bas depuis douze ans, répliqua Marigold en se rezappant une tasse de café. Ce n'est pas une demi-heure de plus qui changera grand-chose !

— Ça doit être abominable pour toi, d'avoir à la surveiller sans cesse ! compatit Zelda.

— C'est le moins que l'on puisse dire ! Mais, dès demain, elle entre au centre de redressement de Mlle Lorelei.

— Ouh là là ! grimaça Hilda.

Elle crut entendre un petit bruit. Quelque chose qui faisait *clic*, *clic*, *clic*... Elle n'y prêta guère attention : ce qu'elle venait d'apprendre accaparait tout son esprit. Marigold allait mettre son insupportable gamine dans un établissement qui lui rappelait des souvenirs...

— C'est un peu dur, comme punition, fit observer Zelda.

— Tu vois une autre solution ? rétorqua Marigold en mettant cinq sucres dans son café. Puis elle ajouta :

— Dans les cas désespérés, un traitement de choc s'impose.

— Quand je pense que, moi, j'ai été envoyée chez Mlle Lorelei parce que j'avais juste abîmé trois ou quatre fleurs fanées ! intervint Hilda.

Six siècles plus tard, elle n'avait toujours pas digéré les coups de règle que Mlle Lorelei lui avait donnés sur les doigts ! Pourtant, ce n'était pas le pire de tout ce qu'elle avait dû subir pendant un an. Mlle Lorelei avait l'art et la manière pour torturer ses élèves, Hilda se rappelait le hoquet qu'elle avait eu pendant soixante-douze heures d'affilée ; et son incapacité à ouvrir la bouche de toute une semaine : sa punition pour avoir été insolente envers son professeur. Aucun doute : l'école de Mlle Lorelei ferait réfléchir Amanda...

— Tu n'avais pas seulement abîmé trois ou quatre fleurs fanées, rectifia Zelda en regardant sa sœur droit dans les yeux. Tu avais aussi saccagé la roseraie royale...

— C'était pas ma faute ! s'écria Hilda. J'essayais d'échapper à un essaim de frelons en folie !

— Mais tu avais détruit leur nid en espérant qu'ils s'attaqueraient au prince...

— Évidemment, je le détestais, se justifia Hilda avec une grimace de dégoût. C'était un sale type et un rapporteur.

— Tu crois que c'était une raison pour lui faire pousser une queue dans le dos ? demanda Zelda. Le pauvre garçon n'a plus jamais pu s'asseoir !

— Quoi ? s'exclama Marigold, sidérée. Tu as fait pousser une queue dans le dos d'un prince, Hilda ?

— Euh, pas vraiment une queue, à peine une petite touffe...

Clic. Clic. Clic.

— La famille royale a bien gardé le secret, reprit Zelda. Mais tu ne t'es pas arrêtée là. Tu as également failli tuer le roi !

— Eh ! minute, papillon ! Je n'y peux rien si cet imbécile a dévalé l'escalier de la tour avec son armure ! s'emporta la sorcière, indignée. Il m'avait demandé de la graisser, et je croyais que ce truc servait seulement pour la décoration. Alors, j'ai aussi huilé le dessous des chaussures, pour que ça brille...

— Tu devrais t'estimer heureuse d'avoir été envoyée chez Mlle Lorelei ! conclut Zelda. On aurait pu te condamner à mort, surtout après que tu as mis le feu au trône royal.

— Le roi n'avait pas à me traiter de sale petite paysanne, impertinente et bonne à rien, rétorqua sa sœur.

Clic. Clic. Clic.

— Apparemment, tu avais tes raisons, Hilda, même si le roi n'avait pas forcément tort, dit Marigold.

Elle but à grand bruit son sirop de sucre aromatisé au café, avant d'ajouter :

— Mais Amanda n'a pas l'excuse de la bêtise, contrairement à toi...

Zelda posa la main sur le bras de Hilda avant qu'elle ne zappe Marigold.

Clic. Clic. Clic. Clic. Clic.

— Qu'est-ce que c'est que ce bruit, à la fin ?

s'écria Hilda, agacée. Est-ce que ça ne viendrait pas du laboratoire, Zelda ?

— Non, non, tout est éteint, là-bas.

— Bizarre... Et comment t'es-tu décidée, pour Amanda ? demanda Hilda, histoire de changer de sujet.

— C'est Arnie qui m'a convaincue... Arnie est l'homme de ma vie, expliqua Marigold.

— Formidable ! Tu as déniché l'oiseau rare ! s'exclama Hilda. Depuis que John t'avait laissée tomber, tu devais te sentir bien seule, non ? ajouta-t-elle.

Une main s'abattit sur la bouche de Sabrina.

— Ne criez point, je vous prie, damoiselle ! souffla quelqu'un. Vous risqueriez de finir dans la marmite de ces infâmes sauvages, où de malheureux matelots vont achever leur vie...

Sabrina hocha la tête pour indiquer qu'elle avait compris. L'élocution précieuse de son interlocuteur ne la surprit pas : il s'agissait certainement de Robinson Crusoé lui-même.

— Tant que nous sommes à couvert, nous ne risquons rien, affirma l'homme en la relâchant.

Sabrina se tourna vers lui et frissonna. Robinson était calme. Mais, ce qui inquiétait Sabrina, c'est qu'il ne s'étonnait même pas de sa présence !

Pendant ce temps, les cannibales continuaient à danser et à chanter autour du feu, brandissant des lances en bois et poussant des cris terrifiants. Soudain, elle se souvint du passage du livre qu'elle était en train de visionner : l'un des prisonniers allait s'échapper, et il deviendrait Vendredi, le compagnon de Robinson !

Elle désigna un homme agenouillé non loin de là :

— Lui... Il va s'enfuir !

Mais Robinson n'eut pas le temps de lui répondre : Vendredi venait de bondir hors du cercle et, poussé par la peur, détalait comme un lièvre.

— Par tous les saints ! grommela Robinson. Il arrive droit sur ma cabane. Je ne vivrai plus jamais en paix sur cette île, si ces sauvages s'aperçoivent de mon existence !

En effet, les guerriers s'étaient immobilisés et regardaient dans la direction de leur refuge. « Impossible ! songea Sabrina. Ce n'est pas dans le livre ! »

— Fuyez ! lui ordonna Robinson, levant haut une épée surgie de nulle part.

Sabrina ne se le fit pas dire deux fois. Prenant ses jambes à son cou, elle se mit à courir vers la jungle... et, *poffffffff !* elle heurta Libby de plein fouet.

4

Clic, clic, clic...

— Eh, mais t'es complètement cinglée ? l'apostropha Libby.

— Qu'est-ce qui t'arrive, Sabrina ? lui demanda Valérie.

— Toutes les deux, vous devriez mettre un gyrophare pour avertir de votre présence ! fulminait Libby, rouge de colère. Vous êtes de vrais dangers publics !

Elle pointait vers les deux amies un doigt terminé par un ongle noir et cassé. Les autres, impeccables, étaient vernis dans une teinte ivoire.

— Vous m'avez cassé un ongle ! continua-t-elle, outrée. Je sors du Grand Salon d'esthétique et de beauté. Vous avez une idée de ce que ça coûte, une séance de manucure ?

Indifférente, Sabrina essayait de comprendre ce qui lui arrivait. Il était impossible que ni la grande hystérique ni Valérie ne se soient aperçues de son absence ! Pourtant, son amie lui dit simplement :

— Tu couves sûrement la grippe, Sabrina, quelque chose comme ça... Et je vais devoir interviewer les élèves toute seule, c'est la tacastrophe !

Sabrina parvint à sourire :

— Non, je ne couve pas la grippe et ce n'est pas la tacastrophe. Pas de panique, tout va bien se passer...

« Enfin, si je ne me téléporte pas ailleurs dans l'intervalle ! », songea l'apprentie sorcière.

— Bon, parlons sérieusement, insista Libby. Qui va payer, pour mon ongle ?

— Ne t'inquiète pas, temporisa Valérie. Tout est ma faute, ma très grande faute. Je suis certaine qu'ils te referont ce petit truc à l'œil !

— Un « petit truc » ! Mais tu es folle à lier ou quoi ? Il leur faut vingt minutes pour obtenir un résultat correct, et toi, tu appelles ça un « petit truc » !

— Alors peut-être qu'avec un peu de colle, si on retrouve l'autre morceau, on pourrait...

Libby claqua la porte avec une violence inouïe.

— Elle va s'abîmer un autre ongle, si elle continue, ironisa Sabrina.

— Elle est tellement furieuse qu'elle ne s'en apercevrait pas...

— N'exagère pas ! Il faudrait qu'elle soit morte, pour ça !

— Quand même, elle peut être dangereuse, si elle veut. Je crois que je vais lui courir après et m'excuser.

— T'excuser pour quoi ? s'étonna Sabrina.

Mais Valérie était déjà sortie.

Sabrina attrapa ses affaires, puis elle hésita. Étant donné les circonstances, il valait mieux qu'elle ne s'attarde pas au lycée : il y avait bien trop de livres dans l'établissement ! Si elle était téléportée dans tous ceux qu'elle croisait, elle était mal partie !

En plus, si tante Hilda n'avait pas vu son mot sur le miroir de la salle de bains, Salem risquait de garder sa nouvelle forme indéfiniment. Aussi Sabrina décida-t-elle de se téléporter chez elle. Elle pointa l'index sur elle, et...

Et rien. Ni ping. Ni pof. Rien.

Dans les toilettes elle était, dans les toilettes elle restait. L'inquiétude s'empara à nouveau de l'apprentie sorcière...

Clic, clic, clic.

Clic. Clic. Clic.

Clic, clic, clic.

Mais c'est pas possible ! Personne ne connaît le

morse ou quoi ? Ça fait une heure que je parle et vous ne m'écoutez pas !

Salem était en train de céder à l'énervement. Voilà des siècles qu'il envoyait des signaux de détresse et aucune des trois bavardes n'avait remarqué cet étrange chat en porcelaine, qui clignait ses yeux de plastique pour attirer l'attention !

— Dire qu'Arnie est un homme charmant, c'est tout simplement ridicule ! Il est mille fois plus que ça : il est beau, intelligent, doux, attentionné, subtil, séduisant, intéressant, amusant... Mais il ne tiendrait pas une semaine de plus avec cette peste d'Amanda. Et je le comprends !

— Moi aussi, approuva Hilda. Bon, c'est sûr que, si tu l'avais un peu mieux élevée, tu n'en serais pas là aujourd'hui...

Salem fulminait. Zelda et Hilda ne pouvaient pas être captivées par cette conversation archinulle ! Elles *auraient dû* remarquer son absence depuis belle lurette. Et cette horrible boîte à gâteaux *aurait dû* leur sauter aux yeux !

— Est-ce que je vous ai raconté qu'Arnie possède un immense chalet dans les Pyrénées, une villa avec piscine sur la Côte d'Azur et un authentique château hanté en Écosse ?

— Oui, tu nous l'as déjà dit trois ou quatre fois, soupira Hilda.

Marigold l'agaçait au plus haut point. Hilda

allait bientôt craquer. Elle serra sa tasse si fort dans ses mains qu'elle la brisa en mille morceaux. Marigold se mit à glousser.

— L'heure du café est passée, annonça soudain Hilda.

Elle zappa tous les ustensiles. En moins de temps qu'il n'en faut pour le dire, tasses, soucoupes, cuillères et pince à sucre se retrouvèrent dans l'évier.

Hilda se leva.

— Au travail, Zelda ! ordonna-t-elle.

— Hum, tu as raison, convint Zelda en s'étirant. Sinon, je ne verrai jamais le bout de mon projet.

Elle zappa ses cheveux : à l'instant, ils furent lavés, démêlés et coiffés. Elle zappa sa tenue : aussitôt, un pantalon et un chemisier rouge de bonne coupe remplacèrent sa robe de chambre et sa chemise de nuit.

— Mais tu sais, Hilda, je continue de penser que c'est une perte de temps...

Clic ! Clic ! Clic, clic, clic, clic, clic, clic, CLIC ! CLIC ! CLIC !

— Qu'est-ce qui est une perte de temps ? demanda Marigold.

Salem finit par s'inquiéter : et si ses yeux en plastique s'abîmaient, à force, et s'ils tombaient ? Il décida de changer de tactique :

essayer la transmission de pensée. Il observa Hilda en se concentrant :

Ton chat est une boîte à gâteaux.

— J'essaie de mettre au point un élixir de jouvence.

Tu n'as pas vu Salem. Cherche-le, cherche !

— Non ? C'est vrai ? s'enquit Marigold, brusquement très intéressée.

Et il est où, le chat de Hilda ? Il n'est pas là, n'est-ce pas ? Où s'est-il caché, hein ? Où ça ?

— Tu avais besoin de lui raconter ça ? s'agaça Hilda en levant les bras au ciel.

— Je ferais n'importe quoi, vraiment n'importe quoi, pour me procurer un élixir de jouvence qui marche, avoua Marigold. Même si j'ai encore quelques siècles devant moi avant d'être aussi en ruine que toi, Hilda...

— En ruine, moi ? s'insurgea Hilda. Et puis quoi encore ? Je...

Le chat ! Mi-a-ou ! Pensez au chat ! Clic, clic, clic, clic, clic, clic ! Au secours !

— Ça suffit ! conclut Zelda en se mettant debout.

Non ! Stop ! Ne partez pas ! Revenez ! Ne me laissez pas tout seul !

Les deux sœurs se dirigèrent vers le laboratoire. Marigold en profita pour se zapper un miroir. Elle scruta son visage. Et grimaça : elle venait d'apercevoir un cheveu gris !

Tu es belle, Marigold ! Tu es superbe ! Mais tu as faim. Tu veux un gâteau, tu veux manger un délicieux gâteau...

— Je ne fais pas mon âge..., songea-t-elle tout haut.

Claquant des doigts, elle zappa le miroir et conclut :

— ... Je fais plus vieille !

Allons, allons... Un gâteau, et le gros chagrin sera guéri.

La sorcière se redressa tant bien que mal et se mit à déambuler dans la cuisine. Quand elle passa devant le réfrigérateur, Salem tenta le tout pour le tout. Il battit frénétiquement des paupières.

Clic, clic, clic, clic, clic, clic ! CLIC ! CLIC ! CLIC !

Le bruit attira l'attention de Marigold.

— Dieu que c'est laid ! s'épouvanta la sorcière. J'ai toujours pensé que Hilda et Zelda n'avaient aucun goût. Mais à ce point...

Alors, qu'est-ce que tu attends pour leur dire ce que tu penses de leur boîte à gâteaux ? Fonce ! Aie le courage de tes opinions ! Peut-être qu'elles seront moins bêtes que toi et qu'elles viendront à la rescousse !

Marigold soupira et jeta un œil vers la salle à manger.

Allez ! Un peu de nerf, Marigold !

— Le problème, c'est que Zelda est nulle en

déco, mais c'est une tête..., maugréa la sorcière. Si quelqu'un peut trouver l'élixir de jeunesse, c'est bien elle, et personne d'autre !

Et elle quitta la cuisine.

N'oublie pas la boîte à gâteaux hyper-ridicule !

Salem attendit. De longues secondes passèrent, puis de longues minutes. Ni Zelda ni Hilda ne revenaient. Le chat ferma ses yeux de plastique. Le désespoir le gagnait. Il allait passer le reste de sa vie de chat en boîte à gâteaux...

— Très réussi, s'autofélicita Amanda.

— Ouh-ouh, ulula la chouette perchée au-dessus du lit.

— Ravie que ça vous plaise, madame la chouette, répondit la petite sorcière.

Marécage au clair de lune : c'est ainsi que l'artiste en herbe aurait aimé intituler son œuvre.

Le lit de Sabrina flottait au-dessus d'une mare d'eau croupie. Un alligator fendit les flots boueux. Un énorme serpent s'enroula autour du saule qu'Amanda avait planté dans un coin. Une araignée jaune et noir avait tendu sa toile à travers la porte. De grands pans de mousse humide couvraient les murs. Le plafond suintait, grouillant d'insectes bizarres. Une tour lugubre, percée de deux fenêtres inquiétantes, se découpait dans la brume. Le dressing de

Sabrina était devenu un bac à sables... mouvants. Grenouilles et corbeaux coassaient et croassaient à qui mieux mieux.

Amanda cueillit un rameau couvert de feuilles pour agacer une grosse grenouille qui l'observait depuis un coussin :

— Tiens, c'est pour toi !

Mais le batracien recula.

— Tu es difficile, Gérald ! ricana Amanda.

— Coooâ ! Coooâ !

— Inutile d'insister. Je n'inverserai pas le sort tant que tu ne m'auras pas procuré ce que je te demandais. Et je me fiche que ces ingrédients soient réservés aux sorcières diplômées. C'est clair ?

— Cooooooooâ ! Cooooooooâ !

— Je te préviens, tu vas rester une grenouille toute ta vie, grinça Amanda. Ça m'est égal !

C'était vrai. La seule chose qui la préoccupait, c'était de devoir aller à l'école de Mlle Lorelei. Malheureusement, ce maudit Arnie avait réussi à convaincre sa mère de renforcer son autorité sur elle.

Elle avait tout essayé pour le faire fuir, cet Arnie. En vain. Elle avait eu beau fourrer des scorpions dans ses chaussettes, assaisonner ses plats avec une tonne de poivre hyper-fort, faire pousser ses poils de nez avec de l'engrais à gazon, ça n'avait pas suffi.

Sa mère jouait les amoureuses transies. Elle avait supplié Amanda de laisser une chance à son nouveau compagnon. Eh bien, NON !

Amanda s'attendait que Marigold la punisse comme d'habitude : lui confisquer son fabuleux balai pour l'empêcher de voler ; lui interdire de sortir seule... ce genre de trucs ! Pas une seconde elle n'avait imaginé qu'elle lui offrirait un aller sans retour pour une maison de redressement !

Maintenant, ils allaient payer pour cet affront. Sa mère, Arnie, et tous les autres...

Le friselis des vaguelettes agaça soudain Amanda. Elle pagaya pour rapprocher le lit de l'armoire. Puis elle ouvrit grandes les portes de celle-ci. Un à un, elle détacha les cintres. Bientôt, toute la garde-robe de Sabrina s'enlisa dans la vase.

« Ce n'est qu'un début, ricana Amanda. Je peux faire pire. Infiniment pire ! »

5

Le beau Wallace

Sabrina avait rapetissé ! Coincée entre deux sièges, elle vit un énorme crapaud mécanique aux yeux globuleux. L'animal s'avançait vers une espèce de scarabée qui brandissait six pinces gigantesques.

« Et dire que j'ai laissé ma bombe insecticide à la maison ! », songea Sabrina.

Clouée sur place, l'apprentie sorcière était à la fois fascinée et terrifiée. Elle regardait, impuissante, le combat qui se préparait... en espérant une fois de plus qu'on ne la remarquerait pas ! Elle encourageait en silence le crapaud : il lui faisait moins peur que le scarabée.

Sabrina se sentait prise dans un engrenage qu'elle ne maîtrisait pas. Elle devait sa dernière téléportation en date à Gordie. Quelques minutes plus tôt, elle s'était rendu compte qu'elle allait être en retard en cours d'histoire :

la sonnerie venait de retentir. Elle courait. Emportée par son élan, elle avait failli rentrer dans Gordie, qui marchait au milieu du couloir, un livre à la main. Plongé dans *Le Parc aux insectes* de James P. Hogan, le garçon n'avait rien remarqué. Mais Sabrina avait lu le titre, et elle s'était retrouvée téléportée dans un autre univers...

Le crapaud et le scarabée avaient engagé le combat. Des grognements sourds s'élevaient du champ de bataille. Soudain, Sabrina grimaça, horrifiée : avec ses pinces coupantes, l'insecte avait éborgné le batracien, et celui-ci reculait... droit sur elle !

« Non, va-t'en ! le supplia-t-elle intérieurement. Je ne peux rien pour toi, et tu vas me faire repérer ! »

Brandissant ses livres pour se protéger, Sabrina battit en retraite et, *poffffff !* Elle se retrouva au lycée.

Elle n'avait pas le temps de traîner : cette fois, elle était vraiment en retard. Par chance, Mme Chalmers, son professeur d'histoire, l'était aussi.

— Hé, salut, Sabrina ! s'exclama une voix familière, alors que l'apprentie sorcière s'installait enfin à sa place. Qu'est-ce que tu as fabriqué ? Je ne t'ai pas vue de toute la matinée !

Sabrina releva la tête. C'était Harvey, qui lui souriait de toutes ses dents.

— J'étais là, pourtant..., lui assura la jeune fille.

« Ne pas regarder les livres qu'il a près de lui », songea-t-elle.

A priori, aller en cours n'était pas dangereux. Les manuels ne devaient pas produire les mêmes effets que les romans, Dieu merci ! Si Sabrina s'était téléportée dans la formule de l'acide chlorhydrique en cours de chimie, ou dans une équation à trois inconnues en cours de maths, elle aurait eu l'air maligne ! Mais tout n'était pas pour le mieux dans le meilleur des mondes possibles : elle n'arrivait toujours pas à se téléporter chez elle.

— Je... je suis hyper-impatient pour ce soir, Sabrina, bredouilla Harvey.

— Moi aussi, Harvey, répondit-elle aussitôt.

C'était la vérité vraie... Mais il fallait qu'elle résolve le mystère de ses téléportations avant ! Sinon, il vaudrait mieux qu'elle propose à Harvey de discuter ou de regarder un film...

— J'adore patiner, poursuivit le beau jeune homme. Surtout la nuit, quand on voit les lumières défiler... Ça crée une ambiance très spéciale, tu ne trouves pas ?

— Euh... oui... Je... C'est aussi mon avis, répondit Sabrina.

Il n'était plus question d'aller voir un film, à présent, ou de discuter !

Harvey s'assit à côté d'elle quand Mme Chalmers entra dans la salle de classe.

— Et c'est parti pour une bonne guerre ! murmura-t-il.

— Quelle guerre ? s'étonna Sabrina en pâlissant. Contre qui ? Qu'est-ce qu'il faut faire ? Je ne suis pas prête !

Les mots pouvaient-ils être aussi dangereux que les romans ? Son livre d'histoire était plein d'histoires sanglantes !

Harvey lui sourit :

— Sois cool ! On devait juste lire une page sur l'expédition d'Édouard Ier en Écosse.

— J'avais complètement oublié ! s'affola Sabrina. Pourvu que la vieille Chalmers ne m'interroge pas !

L'apprentie sorcière avait posé son livre de maths au-dessus de son manuel d'histoire.

— Comme vous le savez tous, commença Mme Chalmers, ou, du moins, comme vous devriez le savoir, le roi d'Écosse mourut sans laisser d'héritier. Alors, le roi d'Angleterre, Édouard Ier, prétendit accéder au trône d'Écosse. Inutile que je revienne là-dessus, n'est-ce pas ?

Mme Chalmers laissa errer son regard sur la classe, comme si elle espérait qu'un élève allait se dénoncer et lui avouer qu'il n'avait pas appris sa leçon.

— Bien, puisque ce point est acquis, quelqu'un peut-il me dire comment s'appelait l'homme qui a pris la tête de la rébellion ?

Un long silence s'ensuivit. Personne ne leva le doigt.

Haussant les épaules, Mme Chalmers s'empara de la télécommande. Elle enclencha le magnétoscope de la télévision qui surplombait son bureau. Là se préparait un combat acharné, tiré d'un film à grand spectacle.

— Oh ! Je sais qui c'est ! s'exclama une fille.

Voix haut perchée, timbre perçant : Sabrina reconnut immédiatement Jill, une pom-pom girl qui comptait parmi les meilleures amies de Libby.

— C'est Mel Gibson ! continua-t-elle.

Une vague de rires déferla sur la salle. Mais, soudain, Sabrina entendit un *pofffffff* familier... et elle se retrouva au beau milieu du champ de bataille.

Autour d'elle, des milliers et des milliers d'hommes et de jeunes garçons avaient envahi les collines herbeuses, prêts à se battre et à mourir pour leur patrie. Partout, ce n'étaient qu'épées, haches, flèches, lances, boucliers...

Sabrina repéra un homme magnifique qui

parlait à ses troupes. Chevauchant un splendide étalon noir, sa longue chevelure coiffée en arrière, son visage couvert de peintures de guerre bleues et un plaid jeté sur sa cuirasse, il était incroyablement beau.

— Mel Gibson, se pâma Sabrina. C'est lui ! Meeeeeeeel !

— Tiens ta langue, gamine ! lança vertement un soldat assis près d'elle. Je savions pas qui sont ce Gibson de malheur, mais je sommes pas prêts à laisser insulter le grand Wallace qui boutera ce félon d'Édouard Ier hors d'Écosse !

— Encore qu'il faudra d'abord gagner la bataille, objecta un autre guerrier.

— Trêve de balivernes ! reprit le premier. Pas plus tard que ce soir, j'aurons gagné ou je serons mort !

Soudain, l'homme brandit son bouclier et se mit debout en soulevant un épais nuage de poussière.

Tous s'approchèrent pour mieux entendre la harangue de Wallace. L'apprentie sorcière fronça les narines. L'odeur de milliers d'hommes qui ne s'étaient pas lavés depuis des semaines était épouvantable... Pour défaire l'armée d'Édouard Ier, les soldats de Wallace auraient dû se mettre sous le vent : leurs adversaires auraient reculé illico !

— Quand notre terre est menacée, qu'importe

notre vie ! hurlait le chef des rebelles pour galvaniser ses troupes. Contre les usurpateurs, nous défendrons notre pays jusqu'à la mort et nous vaincrons !

Sabrina sentit que son index la démangeait. Elle pourrait le mettre au service de ce si beau jeune homme... mais pas sûr que la magie fonctionne ici. Et, si elle fonctionnait, ces barbares risquaient de lapider la jeune sorcière... à moins qu'ils ne la brûlent.

Tout en écoutant le discours enflammé de Wallace, Sabrina se demanda comment elle expliquerait son absence en cours d'histoire. Peut-être ne la remarquerait-on pas tant que la salle serait plongée dans le noir. Mais ensuite, qu'arriverait-il ?

Et les autres ne la voyaient-ils pas ? La scène qui se déroulait sous ses yeux ressemblait à s'y méprendre à ce qui se passait réellement dans le film ! Pourtant, les hommes qui l'entouraient n'avaient pas l'air d'être des acteurs de cinéma. Et, à l'horizon, aucune caméra, aucun metteur en scène.

« Pfff ! soupira Sabrina. J'aurais préféré me téléporter dans une scène romantique ! »

Une centaine d'archers s'étaient rassemblés devant les chevaliers du roi. Soudain, une formidable bronca s'éleva. Les soldats de Wallace hurlaient pour se donner du courage.

« Je n'aime pas ce passage ! » conclut l'apprentie sorcière en frissonnant.

Sabrina se baissa avec les autres quand la première salve de flèches déferla sur eux. La jeune fille se précipita sous le premier bouclier venu et se couvrit les oreilles pour se protéger des...

Poffffff !

Brusquement, Sabrina prit conscience des rires qui fusaient autour d'elle.

— On peut savoir pourquoi vous vous trouvez *sous* votre table, Sabrina ? demanda Mme Chalmers.

Gênée, l'apprentie sorcière émergea de sa cachette. Les ricanements redoublèrent quand elle apparut, le visage cramoisi.

— Excusez-moi, dit-elle. J'étais complètement prise par le film...

Drrrrrring ! Drrrrrring ! Drrrrrring ! Drrrrrring ! Drrrrrring !

Hilda regardait sa sœur réfléchir. Pas question de répondre au téléphone : quelque chose d'autrement important était en train de se produire dans le cerveau de Zelda !

Depuis la cuisine, Marigold se mit à crier :

— Téléphone !

Puis, constatant que son information restait sans effet, elle demanda, exaspérée :

— Vous allez décrocher, oui ou non ?

Les yeux dans le vague, Zelda ne prit même pas la peine de répondre à sa cousine. Quant à Hilda, elle regrettait amèrement d'avoir oublié d'effacer la bande du répondeur, saturée des messages que Williard, son petit ami, avait laissés après leur dernière dispute.

C'est à ce moment que Hilda nota l'absence de Salem. S'il avait été là, il aurait déjà abondamment fait part de son mécontentement : le téléphone l'empêchait de dormir.

De nouveau, Marigold protesta :

— Décrochez, quoi, à la fin ! Cette sonnerie va me rendre folle !

Zelda semblait insensible à ce qui se passait autour d'elle. Elle avait achevé de compulser ses notes et de vérifier les ingrédients dont elle disposait.

Drrrrrring ! Drrrrrring ! Drrrrrring ! Drrrrrring ! Drrrrrring !

— Réponds, s'il te plaît, Hilda, demanda enfin Zelda. Cette sonnerie qui n'en finit pas m'empêche de me concentrer.

Marigold tira la langue à Hilda. Mais Zelda ajouta :

— Et toi, Marigold, cesse de gigoter dans tous les sens. C'est franchement pénible !

Hilda prit le temps de faire les cornes à sa cousine. Puis elle s'empara du combiné :

— Allô ?

— Ici le Réseau Express de Télécommunications avec l'Autre Royaume, le RETAR.

Clic ! Clic ! Clic !

Hilda jeta un regard agacé autour d'elle. Puis elle répondit :

— Nous ne sommes pas intéressées.

— Attendez ! s'empressa de préciser son interlocuteur. Vous ne connaissez sans doute pas encore nos offres d'abonnement spéciales !

— Nous avons déjà souscrit un abonnement auprès d'une autre compagnie. Au revoir...

Clic ! Clic ! Clic ! Clic ! Clic ! CLIC !

— Mais qu'est-ce que c'est que ce bruit, à la fin ? s'écria Hilda.

Clic ! Clic ! Clic ! Clic ! Clic ! CLIC !

La sorcière zappa le téléphone :

— La ligne est occupée jusqu'à nouvel ordre. Et maintenant, passons aux choses sérieuses...

Méticuleusement, elle entreprit d'inspecter chaque recoin de la cuisine. Les « clic » à répétition lui portaient sur les nerfs. Elle remarqua soudain la boîte à gâteaux au-dessus du réfrigérateur.

— D'où tu sors, toi ?

Clic ! Clic ! Clic !

— Hum, Zelda aurait décidé d'ouvrir le cadeau que Wally Barton lui a offert ? Étrange !

Zelda avait arrêté de sortir avec ce plaisantin. Deux mois plus tard, Wally Barton lui avait envoyé un cadeau. Zelda ne voulait pas l'ouvrir ; elle l'avait donc entreposé au grenier.

Clic ! Clic ! Clic !

Hilda s'approcha.

— Ça doit marcher à piles, songea-t-elle tout haut.

Clic, clic.

Hilda souleva la boîte, regarda dessous, derrière... et ne vit rien. Pas de compartiment à pile, pas de prise électrique. Incompréhensible. À moins que...

— Tu n'es pas une vraie boîte à gâteaux, n'est-ce pas ?

Clic, clic.

— « Clic, clic », répéta Hilda en fronçant les sourcils. Est-ce que ça voudrait dire non ?

Clic !

— Alors « clic » doit vouloir dire oui, conclut-elle. La question suivante s'impose : es-tu un prince transformé en boîte à gâteaux jusqu'à ce qu'une belle sorcière d'environ six cents ans, prénommée Hilda, t'embrasse ?

Silence.

Clic, clic.

— Oh, fit Hilda, déçue. Alors comment es-tu devenu une boîte à gâteaux ?

Clic, clic, clic, clic, clic, clic, clic, clic...

— Du calme ! lança Hilda. J'avais oublié

notre code. Je reformule ma question : étais-tu dans cet état hier ?

Clic, clic.

— Bien. Est-ce que je te connais ?

Clic.

— Es-tu une sorcière ?

Clic, clic.

Hilda se gratta la tête. Qui pouvait-elle connaître qui ne soit pas une sorcière ? Brusquement, une idée lui traversa l'esprit :

— Tu es Salem ?

Clic.

— C'est Amanda qui t'a fait ça ?

Clic.

— Tiens bon, Salem. Je vais la chercher et la zapper ici pour l'obliger à inverser le sort qu'elle t'a jeté.

Clic, clic.

— Comment ça, non ? Tu préfères rester comme ça ?

Clic, clic.

— Alors, tu vois bien ! Moi, je ne peux pas l'inverser. Amanda n'est pas ma fille et... Mais Marigold en est capable ! Elle est juste à côté, il suffit que je le lui demande.

Clic.

— *Eurêka !* s'exclama à cet instant Zelda en émergeant du laboratoire.

— C’est pas vrai ! Elle a réussi ! s’écria Hilda en se précipitant vers sa sœur.

Clic, clic, clic, clic, clic, clic, protesta Salem.

Mais Hilda ne lui prêtait plus du tout attention !

6

Enquête à la une

— Pfff ! C'est pas possible ! pesta Sabrina. Le téléphone sonne toujours occupé, à la maison !

— Eh bien, tu n'as qu'à attendre, lâcha Libby d'une voix méprisante.

Elle passait dans le couloir avec M. Kraft. Sabrina pointa l'index vers la blonde chevelure de Libby. Si l'apprentie sorcière le décidait, les longs cheveux de Libby s'emmêleraient pour toujours ! Mais, au moment où Sabrina allait punir la pom-pom girl, M. Kraft se retourna vers elle et lui dit :

— On ne traîne pas dans les couloirs, Sabrina.

— Je ne traîne pas, monsieur. J'essaie de téléphoner.

— C'est un mauvais prétexte ! tonna M. Kraft.

— Ce n'est quand même pas ma faute si tante

Hilda est à ce point demandée..., glissa la jeune fille.

Sa remarque porta : le vice-principal battit des paupières et s'éloigna. Tante Hilda et M. Kraft entretenaient des relations tendres... et orageuses. Mais, dans l'immédiat, Sabrina avait d'autres soucis. Elle alla se mettre dans un coin tranquille en attendant l'heure du déjeuner et, quand la sonnerie retentit, elle rejoignit Valérie dans le hall.

— Bon, on fonce ! lui rappela son amie. On n'a que quarante-cinq minutes pour manger et enquêter.

— Je n'ai pas faim, dit l'apprentie sorcière.

— Tant mieux : ce ne serait pas poli de poser des questions la bouche pleine, hein ? Ça ne me dérange pas que tout le monde me prenne pour une fofolle, mais je n'aimerais pas qu'on me trouve mal polie !

Sabrina avait complètement oublié qu'elle avait promis d'assurer les interviews pour « Les élèves ont la parole ».

— Euh... excuse-moi, Valérie, mais j'ai un truc urgent dont il faut que je m'occupe...

— Quoi ? Un truc urgent ? Là ? Tout de suite ?

Sabrina sourit.

— Oui, c'est souvent comme ça, les trucs urgents...

Paniquée, Valérie saisit son amie par le bras :

— Est-ce que c'est une question de vie ou de mort ?

— Eh bien, non, pas exactement, mais...

— Alors ça attendra. Parce que si on ne va pas à la cafète interviewer les autres élèves, j'en mourrai, moi !

— Attends, Valérie, je...

La journaliste en herbe secoua Sabrina comme un prunier :

— Libby est déjà en train de regarder sa montre et de glousser. Si nous ne finissons pas à l'heure, elle se précipitera sur Mme Quick pour lui réclamer sa chance. Et je pourrai dire adieu à ma carrière !

— D'accord, d'accord, lâcha Sabrina.

Les regards implorants de Valérie avaient eu raison de sa détermination.

Les deux filles avaient à peine mis un pied dans la salle, que quelqu'un appelait :

— Ouh-ouh ! Sabrina !

C'était Harvey. L'apprentie sorcière se dirigea aussitôt vers lui, mais Valérie s'interposa :

— Désolée, Harvey. Sabrina a du pain sur la planche.

— Oh, Valérie ! Je pourrais commencer par poser des questions à Harvey... pour me faire la main, en quelque sorte !

— Des questions ? reprit Harvey en fronçant

les sourcils. J'espère que ça n'a aucun rapport avec les conflits internationaux ou les finances publiques, je n'y connais rien !

— Non, c'est un sujet en relation avec notre lycée, le rassura Sabrina. Est-ce que ça te semble choquant que des filles demandent à des garçons de sortir avec elles, à Westbridge High ?

— Et comment ! s'exclama Harvey.

Sabrina n'en croyait pas ses oreilles :

— Quoi ?

— Oui, c'est choquant qu'une fille demande à un garçon de sortir avec elle. Et si la fille s'écroule en larmes parce qu'il lui a répondu « non » ? Qu'est-ce qu'il peut faire ?

— Encore faut-il qu'il sache dire « non »..., remarqua Sabrina.

Harvey en était bien incapable lorsque Libby lui demandait de danser avec elle !

— C'est-à-dire que nous, les mecs, nous ne nous mettons pas à pleurer en face de la personne qui nous a infligé un râteau.

— Tu es complètement macho, Harvey ! s'enflamma Valérie. Je me demande comment tu oses dires des choses pareilles ! Pour ma part, je ne fonds jamais en larmes tant que je ne suis pas toute seule.

— Bon, à part ça, c'est pour quoi, cette enquête ?

— *La Lanterne de Westbridge.*

— Ouh là là ! Ne me citez pas, hein ?

— Mais si on ne te cite pas, à quoi ça sert qu'on fasse une enquête ? rétorqua Valérie, agacée.

— Fallait te poser la question avant !

Puis, se tournant vers Sabrina, Harvey ajouta :

— À ce soir !

Il se leva et partit.

Sabrina regarda attentivement autour d'elle. Ce qu'elle vit la rassura : aux tables voisines, aucune des filles n'avait de livres. Elles discutaient pour savoir quelle était la meilleure manière de changer de look : progressivement ou tout d'un coup ? Une fille aux cheveux rouges ultra-courts, Becky Sullivan, menait la discussion :

— Le problème, c'est que je passe tellement de temps à faire du baby-sitting que je n'ai même pas un quart d'heure pour fouiner dans les boutiques vraiment à la mode !

— Excuse-moi, intervint Sabrina, tu aurais cinq minutes à m'accorder ?

— Ça dépend pour quoi, répondit Betty, soudain méfiante.

— Je fais une enquête pour *La Lanterne de Westbridge* et j'aimerais avoir ton avis sur un sujet qui pourrait t'intéresser.

— Lequel ?

— Est-ce que ça te semble choquant qu'une fille demande à un garçon de sortir avec elle ?

— C'est à moi que tu parles ? Non mais ça va pas, la tête ! Tu sous-entends que je suis trop tarte pour qu'un garçon ait envie de me draguer ? Tu me cherches ou quoi ?

— Eh, oh... on se calme ! s'exclama Sabrina. J'insulte tout le monde, je veux dire : je consulte tout le monde.

Jennifer Briggs, qui était assise à côté de Becky, remit ses lunettes en place et lorgna Sabrina d'un air méprisant :

— Tu m'excuseras mais, moi, j'ai autre chose à faire que sortir avec des garçons. Il faut que j'assure ma moyenne pour avoir une chance d'intégrer une grande école. Alors, demander à des garçons de sortir avec moi ! En plus, il n'y en a pas un qui voudrait...

— Détrompe-toi : la plupart des garçons n'osent pas dire non, rectifia Sabrina. Mais je respecte ton opinion.

— Comment tu peux respecter mon opinion puisque je te dis que ça m'est complètement égal ?

Agacée, Jennifer sortit bruyamment un livre de son sac. Sabrina inspira profondément. Ouf ! le livre n'était qu'un manuel intitulé *Introduction aux microparticules physiques : approche théo-*

rique, méthodologie structurale et exercices corrigés. Aucun risque que l'apprentie sorcière s'y retrouve piégée !

— Moi, ça ne me dérangerait pas de demander à un garçon de sortir avec moi, intervint la petite brune assise à côté de Jennifer.

— Et tu t'appelles...

— Ne me cite pas ! s'écria aussitôt la jeune fille. Après, on penserait que personne ne veut de moi...

— Je n'indiquerai que tes initiales, promit Sabrina.

Becky ricana :

— Elle s'appelle Barbara Elizabeth Ursula Rotman-Klein. Tu en connais beaucoup, toi, des filles dont les initiales font « B. E. U. R. K. » ?

Si tout le monde réagissait de la même manière à la question de Valérie, les deux journalistes n'auraient pas grand-chose à se mettre sous la plume au moment de rédiger ! Sabrina résolut de tenter sa chance à une table de garçons, située un peu plus loin.

— Salut ! Est-ce que je peux vous poser une question ? s'enquit-elle.

Ted Adams lui fit signe que oui... avant de se remplir la bouche. « Ah, les garçons ! Ça ne les gêne pas du tout d'être grossiers, songea la jeune fille. On dirait même qu'ils aiment ça ! »

— Est-ce que ça te semble choquant que ce

soit la fille qui demande au garçon de sortir avec elle ? reprit Sabrina.

Ted manqua de recracher le morceau qu'il était en train de mâchonner. Les yeux exorbités, le souffle court, il observait son interlocutrice avec stupéfaction :

— Pourquoi ? Tu veux sortir avec moi ?

— Non, pas du...

— Et toi qui répétais que Harvey et toi, c'était pour la vie !

— Mais puisque je...

— Je te l'avoue franchement : j'ai toujours su que vous n'étiez pas faits l'un pour l'autre. Pour répondre à ta question, je suis content que tu m'aies dit ça. Et je te réponds : banco !

— Arrête, Ted ! s'exclama Sabrina, agacée. La question entre dans le cadre de mon enquête !

Un éclat de rire général secoua les garçons qui observaient la scène.

— T'aurais pas pu le dire plus tôt ? Tu voulais juste te moquer de moi, c'est ça ?

— Non, je voulais avoir ton avis pour *La Lanterne de Westbridge*. Est-ce qu'on peut recommencer au début, maintenant ?

— Merci bien, j'ai eu ma dose d'émotion pour la journée, lâcha Ted. Trouve quelqu'un d'autre.

Sabrina, le stylo en l'air, exaspérée, se tourna vers le reste du groupe.

— Va falloir que tu cherches tes victimes ailleurs, grinça Jake.

— Sinon, on va finir par se fâcher.

— T'as qu'à appeler Mirey Dupont.

Poffffff !

7

Incroyable mais vrai

Encore étourdie par sa téléportation, Sabrina se frotta les yeux. Devant elle, une femme aux cheveux bouclés arrivait au centre du studio de télévision, un micro à la main.

« C'est Mirey Dupont ! » se dit l'apprentie sorcière.

L'animatrice regarda fixement la caméra et débita un petit discours :

— Bonjour à toutes et à tous ! Merci de votre fidélité et bienvenue sur le plateau d'*Incroyable mais vrai*. Comme chaque semaine, nos invités sont des gens exceptionnels. Non seulement ils ont des pouvoirs paranormaux, mais en plus... ils sont capables de le prouver ! Ils vous en feront la démonstration juste après la page de pub. À tout de suite !

Sabrina n'en menait pas large. Mirey Dupont animait une émission que de nombreux élèves de Wetsbridge High regardaient. La jeune sorcière allait être grillée !

— Rebonsoir à toutes et à tous ! lança Mirey Dupont quand la lumière rouge se ralluma, indiquant que le direct reprenait. Qui n'a pas eu vent de phénomènes inexplicables ? Qui ne croit pas que les lois de la nature ont leurs limites ? Oui, je sais : certains d'entre nous voudraient bien ne pas l'admettre !

L'auditoire se mit à glousser.

— Et cependant... cependant, parfois, il faut bien l'avouer, ce que nous voyons semble incompréhensible !

— *Semble* incompréhensible ! grommela la voisine de Sabrina. *Est* incompréhensible, oui !

Elle était squelettique et portait une longue robe noire. Un fond de teint blanc et des sourcils soulignés de khôl accentuaient la maigreur de son visage. D'immenses anneaux pendaient de ses oreilles, et une multitude de bracelets tintinnabulaient le long de ses bras au moindre de ses mouvements. De puissants relents de parfum émanaient d'elle.

« Pas très rassurante, celle-là ! », songea Sabrina.

— Votre truc, c'est l'écriture automatique ? lui demanda l'inquiétant personnage.

— C'est-à-dire ?

— Vous recevez des messages de l'au-delà et vous les écrivez sans y penser ?

La femme pointait sur elle un ongle rouge sang.

— Euh, non, pas exactement, répondit Sabrina.

— Oh, il n'y a aucune honte à cela. C'est une tâche nécessaire. L'autre monde a beaucoup de choses à nous apprendre !

— Mais puisque je vous dis que..., commença Sabrina.

Puis elle jeta l'éponge. Apparemment, les gens préféraient entendre ce qu'ils voulaient plutôt que ce qu'on leur disait !

Mirey Dupont présentait ses étranges invités.

— Mesdames et messieurs, notre premier invité s'appelle Jacques. Jacques pourrait être votre voisin, votre ami, votre parent. Et pourtant, Jacques n'est pas comme nous. Jacques, vous « aidez les fantômes à s'en sortir », selon vos propres termes. C'est bien ça ?

— Oui, tout à fait, confirma l'invité dans un filet de voix.

— Combien de fantômes avez-vous aidés, Jacques ?

— Eh bien, euh, en fait, je pense que j'en ai aidé au moins six, bégaya-t-il. Mais je ne peux pas le prouver formellement, n'est-ce pas...

— Je comprends bien. Le secret professionnel, tous les journalistes connaissent ça ! approuva l'animatrice.

Le public lâcha quelques rires forcés.

— De toute manière, nous saurons dans une heure si vous êtes vraiment l'ami des fantômes ! Car des cameramen vont vous suivre immédiatement dans une maison hantée. Mesdames et messieurs, je vous demande d'applaudir Jacques, notre invité, ainsi que toute l'équipe qui l'accompagnera dans son périple : Brandon, Dylan, Kevin, Steven, Roch et Bobby !

Un tonnerre d'applaudissements s'éleva, saluant Jacques et son escorte jusqu'à la sortie du plateau.

— À présent, je voudrais vous présenter Maria. Maria, vous pratiquez la télékinésie. C'est un mot un peu difficile qui désigne la faculté de déplacer les objets à distance. Vous nous avez assuré que vous êtes capable de vider les poches d'une personne qui se trouve loin de vous. Est-ce que vous le confirmez, Maria ?

— Oui, oui..., coassa l'invitée.

— Attention ! Il est encore temps de vous rétracter et de quitter le plateau !

— Je peux le faire.

— Eh bien, tout à l'heure, nous vous demanderons une petite démonstration. Mais, dès maintenant, cher public, je vous demande d'encourager Maria, télékinésiste !

Sabrina sentit un frisson la parcourir : elle serait probablement la seule à tenir ses promesses. Elle n'aurait qu'à disparaître, et le tour serait joué.

Mirey Dupont s'approcha de la voisine de Sabrina et s'adressa à l'auditoire :

— Elle s'appelle Sahara, et elle est aussi mystérieuse que le désert du même nom ! Il y a quelques semaines, Sahara est venue dans ces studios et m'a proposé de me dévoiler mon avenir proche. Elle a lu dans les lignes de ma main et a écrit ses prédictions sur un bout de papier qu'elle a glissé dans une enveloppe. Celle-ci a été déposée dans une urne devant huissier. Nous l'ouvrirons et nous comparerons avec ce qui m'est réellement arrivé !

Sabrina se mit à trembler en pensant que ses quinze secondes de gloire approchaient. Qu'arriverait-il si M. Kraft était en secret un fan de Mirey Dupont ? Que se passerait-il s'il avait un téléviseur caché dans son bureau ? Qu'allaient penser tante Hilda et tante Zelda, si elles la voyaient sur l'écran alors qu'elle était censée être en cours ?

— Sahara, poursuivait Mirey Dupont, comment vous sentez-vous ?

— Sereine, répondit la femme au visage anguleux. Je suis contente d'être là.

— Vous n'avez pas trop peur du résultat ?

— Pas le moins du monde.

— Chers téléspectateurs, dans quelques minutes, nous verrons si Sahara a raison d'être aussi calme. En attendant, je vous demande de lui réserver un accueil triomphal. Mesdames et messieurs, Sahara, voyante !

Dans un bel ensemble, le public se leva et applaudit longuement l'invitée.

Pendant ce temps, Mirey Dupont se dirigeait vers Sabrina et jetait un œil inquiet vers son assistant. Aucune fiche ne correspondait à la jeune fille. L'animatrice secoua la tête, contrariée. Quand les applaudissements se tarirent, elle reprit, tout sourire :

— Tous nos invités sont des gens remarquables, vous l'aurez compris. Mais celle que vous allez découvrir maintenant est tout simplement ex-cep-tion-nelle, et je pèse mes mots ! Vous ne la connaissez pas encore, elle s'appelle...

Elle fit signe à Sabrina de se présenter.

L'apprentie sorcière s'apprêtait à décliner son identité quand, soudain, elle eut une meilleure idée. Sautant sur ses pieds, elle cria :

— Tante Hilda ! Tante Zelda ! Amanda a transformé Salem en boîte à gâteaux, et je suis...

Poffffff !

— Bon, alors, ça vient ? s'impatienta Hilda.

Depuis que Zelda avait crié « *Eurêka !* », elle

piaffait d'impatience à la porte du laboratoire. Sa sœur finit par lui répondre, agacée :

— Écoute, Hilda, ça fait des siècles et des siècles qu'on cherche le secret de la jeunesse éternelle, alors excuse-moi si je te demande quelques minutes !

— Désolée, s'excusa Hilda.

Elle réussit à se taire pendant une poignée de secondes, mais elle ne put s'empêcher de relancer Zelda :

— Tu auras fini pour huit heures, hein ? Avant l'arrivée de Williard ?

— Oui, oui..., marmonna Zelda sans quitter ses alambics des yeux. D'une manière ou d'une autre, j'aurai fini.

— Comment ça, « d'une manière ou d'une autre » ?

— Si ça marche, la potion sera prête cet après-midi, promit Zelda.

— Et sinon ?

— Sinon, j'abandonne !

Zelda incorpora une pincée de poudre de cactus dans sa mixture. Puis elle ajouta :

— Mais quand elle sera prête, il faudra la tester.

— Pourquoi ? s'étonna Hilda.

— Au cas où il y aurait des effets secondaires.

— Des effets secondaires ? De quel genre ?

— Si je le savais, je m'arrangerais pour les éviter ! s'écria Zelda.

— Bien sûr, bien sûr... On n'aura qu'à demander à Marigold. Où est-elle passée ?

— Elle doit être en train de regarder une ânerie à la télé.

— Je reviens, dit Hilda.

Affalée sur le canapé, les yeux fermés, Marigold se laissait bercer par la voix de Mirey Dupont :

« Il y a quelques semaines, Sahara est venue dans ces studios et m'a proposé de me dévoiler mon avenir proche, expliquait l'animatrice. Elle a lu dans les lignes de ma main et... »

Soudain, une poigne d'acier s'abattit sur elle et la secoua sans ménagement.

— Ouh ouh ! Marigold ! Tu dors ?

— Hein ? Qu'est-ce qui se passe ? La maison s'est écroulée ?

— Non, ou alors, je n'ai rien remarqué, dit Hilda en cherchant des yeux la télécommande.

« Je vous demande de lui réserver un accueil triomphal, intervint Mirey Dupont. Mesdames et messieurs, Sahara, voyante ! »

Un tonnerre d'applaudissements fit vibrer les meubles du salon.

— C'est insupportable ! gémit Hilda en repérant la zappette.

Marigold se massait doucement les tempes :

— Amanda n'aime pas que je fasse la sieste, l'après-midi. Une fois, elle m'a réveillée en jetant des pots de peinture dans l'escalier...

« Celle que vous allez découvrir maintenant est tout simplement ex-cep-tion-nelle, et je pèse mes mots ! claironnait Mirey Dupont. Vous ne la connaissez pas encore, elle s'appelle... »

Hilda éteignit le téléviseur.

— Le plus horrible, c'est quand j'ai été réveillée par un Viking qui a défoncé ma porte d'entrée et m'a traînée dehors par les cheveux..., continua Marigold en frissonnant. Mais non, il y a eu pire : un jour, Amanda m'a transformée en poule et a essayé de m'obliger à avaler des vers de terre. J'en cauchemarde encore !

— C'est fini, Marigold, détends-toi. Demain, tu pourras faire autant de siestes que tu voudras, quand Amanda sera en train de subir les foudres de Mlle Lorelei. Et aujourd'hui...

Hilda hésita. Pour que sa cousine accepte de jouer les cobayes, elle allait devoir jouer serré !

— Aujourd'hui, reprit-elle, tu vas boire à la fontaine de jouvence éternelle... s'il en reste après que j'aurai goûté la potion de Zelda.

— Et pourquoi madame la goûterait en premier ?

— Parce que je suis sa sœur. Et en plus, si je n'avais pas insisté pour que Zelda s'y mette, elle n'aurait jamais découvert cette formule magique !

— C'est ce qu'on verra..., lâcha Marigold.

Elle bondit sur ses pieds et fonça hors du salon pour convaincre Zelda de commencer par elle.

« Youpi ! » jubila intérieurement Hilda. La vie était belle : Zelda avait réussi à trouver l'élixir de jeunesse, et ce serait Marigold qui allait servir de cobaye... Tout heureuse, Hilda se dirigea vers le laboratoire.

Hélas ! Elle avait oublié à quel point sa sœur était honnête ! Quand Hilda arriva, Zelda avouait à sa cousine :

— Je n'ai pas la moindre idée des effets secondaires. Peut-être n'y en aura-t-il aucun, peut-être la personne qui boira cette potion retombera-t-elle en enfance... Je n'en sais rien !

— Tu dis ça pour me faire peur !

— Non, c'est la stricte vérité, je t'assure...

Marigold se retourna lentement vers Hilda :

— Finalement, tu peux passer la première.

— Euh, laisse-moi réfléchir, répondit Hilda, déçue mais pas abattue. Il y a certainement quelqu'un que l'on pourrait porter volontaire pour tester cette potion...

— Allez régler ça dehors ! s'exclama Zelda, agacée. Si vous continuez comme ça, je ne terminerai jamais et il n'y aura pas de potion à tester !

— Mais si, il y aura une potion, rétorqua sa sœur. Quand tu commences quelque chose, tu vas toujours au bout.

Zelda prit une profonde inspiration et entreprit de compter lentement jusqu'à dix millions pour se calmer. Marigold l'interrompit alors qu'elle approchait de dix-huit.

— Et votre chat ? suggéra-t-elle. Est-ce que ça ne marcherait pas sur lui ?

— Salem ! s'étrangla Hilda.

— Ma potion produirait les mêmes effets sur un chat que sur un humain, confirma Zelda.

Aussitôt, elle leva le doigt en guise d'avertissement :

— Mais attention ! Je veux que Salem soit au courant des risques qu'il encourt. S'il se soumet à ce test, il faut que ce soit de son plein gré !

— J'avais complètement oublié Salem..., murmura Hilda.

— Qu'est-ce qu'il y a, avec Salem ? aboya Zelda.

— Amanda l'a transformé en boîte à gâteaux !

Les deux sœurs se tournèrent vers Marigold.

— Tu es sa mère, donc tu peux inverser le sort qu'elle a jeté, dit Hilda. Suis-moi !

Ah ! enfin ! C'est pas trop tôt !

Hilda venait d'entrer dans la cuisine avec Marigold.

— Je suis tellement désolée, Salem ! gémit Hilda en se tordant les mains.

Mouais, facile à dire ! Si vraiment tu étais désolée, si j'avais ne serait-ce qu'un petit chouia d'importance dans ton cœur, tu crois que tu m'aurais abandonné ?

— Je comprends que tu sois fâché, Salem, mais...

Clic, clic, clic, clic, clic, clic, clic, clic, clic !

Je ne suis pas fâché ! Je suis outré ! scandalisé ! hors de moi ! Toute la journée, j'ai été une boîte à gâteaux sans gâteaux... sans même un bol de lait pour me consoler !

— ... mais si tu n'arrêtes pas tes « clic » illico, je te flanque à la poubelle !

Salem cessa de cliquer instantanément.

— Merci, souffla Hilda.

Elle regarda Marigold :

— À toi de jouer.

Marigold tendit l'index vers Salem et se prépara à inverser le sort lancé par sa fille. Soudain, elle replia son doigt.

L'inquiétude s'empara de Salem.

— Qu'est-ce que tu fabriques, Marigold ? Tu peux inverser le sort, non ?

— Oui, je crois. Mais, d'abord, il faut lui demander s'il accepte de tester la potion.

« Salem, tu as le choix, fit-elle en se tournant dans sa direction : rester une boîte à gâteaux toute ta vie ou devenir un rat de laboratoire pour quelques heures.

Moi ? Un rat ? Mais je ne veux pas devenir un rat !

— Avant que tu répondes, précisa Hilda, il faut que tu saches que Zelda n'a aucune idée des effets secondaires que peut entraîner sa potion.

Toi alors, tu sais me remonter le moral !

— Peut-être n'y en aura-t-il pas, fit observer Marigold. Alors, veux-tu rester dans cet état pour toujours ?

Clic, clic ! protesta le chat.

— Il dit « non », traduisit Hilda.

Prudente, elle demanda :

— Tu acceptes donc de tester la potion de Zelda ?

Clic.

— Touché terre, touché ciel, si tu mens, tu vas en enfer ?

Clic.

Marigold zappa le chat en chantonnant :

Chat en boîte fut transformé.
Que ce sort s'efface à jamais !

Salem sentit soudain des picotements le parcourir. Ça y est ! Il était de nouveau un chat en chair, en os... et en poils !

— Enfin libre ! s'exclama-t-il en s'étirant. Quand est-ce qu'on mange ?

— Est-ce que tu penses parfois à autre chose qu'à ton estomac, Salem ? s'écria Hilda.

— J'avais un grand creux à la place, figure-toi, alors maintenant, j'ai faim. Sans compter que c'est peut-être mon dernier repas. Donc je veux un menu de luxe : du thon, du caviar, du lait, des gâteaux et tout le toutim. Allez, au boulot ! ajouta-t-il en s'approchant de son écuelle.

En équilibre sur le lit, Amanda contemplait sa création. La transformation de la chambre de Sabrina était tout simplement géniale.

Les vêtements de sa cousine étaient recouverts de mousse et gorgés d'eau croupie. Amanda avait jeté les petits bibelots de l'apprentie sorcière dans la boue. Les sables mouvants avaient presque totalement englouti le bureau. Dans les tiroirs de l'armoire, d'horribles bestioles grouillaient : serpents, araignées venimeuses, insectes bizarres... L'alligator faisait la sieste dans une belle flaque d'eau, au pied du lit.

« J'ai bien bossé ! », se dit Amanda. Épuisée, elle s'endormit, satisfaite d'elle-même.

Sabrina ne se débarrasserait jamais totalement d'un tel marécage. Même la magie resterait impuissante face à ce chef-d'œuvre...

8

Parce que !

Sabrina se retrouva dans la cafétéria, sous la table, en train de chercher son stylo. Elle le repéra près de Ted et s'en empara aussitôt, alors qu'une voix moqueuse s'élevait :

— Quelle façon originale de mener une enquête, Sabrina !

C'était Libby.

— Cela dit, je suis ravie que tu sois à mes pieds, continua-t-elle. Il est temps que tu me rendes le respect que tu me dois !

— Moi ? Je te dois du respect ? rétorqua Sabrina en pointant discrètement l'index vers les bottines de Libby. Si je n'étais pas à quatre pattes, je tomberais à la renverse !

Les lacets des chaussures de Libby s'emmêlèrent illico, et la jeune fille atterrit sur les genoux de Ted.

— Eh ! les gars ! Libby est folle de moi !

— N'importe quoi ! grinça l'intéressée. Tu ferais mieux de me lâcher, et plus vite que ça !

— Du calme, beauté fatale ! lança Ted.

Et il la repoussa d'un revers du poignet. La vedette de Westbridge roula par terre.

Le temps de remettre ses chaussures en ordre de marche, elle sortit de la cafétéria le plus dignement qu'elle put.

— Est-ce que je rêve ou est-ce que Libby vient d'être *trop* ridicule ? murmura Valérie.

— Non, tu ne rêves pas, confirma Sabrina. Ça fait plaisir, hein ? Et notre enquête, elle en est où ?

— Au point mort...

— Pas du tout ! se récria l'apprentie sorcière. Il faut juste qu'on arrive à poser le problème sous un autre angle. Si on en discutait après les cours ? Je suis sûre que nous trouverons une solution ! À plus !

Sabrina saisit son manuel de sorcellerie et courut s'enfermer dans une salle de classe. Elle ouvrit le livre à la page des transferts moléculaires instantanés, et chercha la partie consacrée aux erreurs de téléportation.

Poffffff !

Elle se retrouva téléportée dans une mer où flottaient pêle-mêle des lettres majuscules et minuscules, des signes de ponctuation et des chiffres.

— Mais... le manuel n'est pas un livre de fiction ! Qu'est-ce qui se passe ? s'affola-t-elle.

— Je donnerais cher pour le savoir !

Sabrina se retourna, afin de repérer d'où venait la voix. En chemise hawaiienne, bermuda beige, sandales, lunettes de soleil en plastique et bob, le Maître de Magie était juché à califourchon sur un M. Dans la main droite, il tenait un verre de jus d'orange ; de la gauche, il s'accrochait à une ombrelle rose bonbon.

— Chouette ! Vous êtes justement la personne que je voulais voir ! s'exclama Sabrina.

L'apprentie sorcière réussit à s'agripper à un J.

— Non mais rends-toi compte ! protestait avec véhémence le Maître de Magie. Il n'y a pas une minute, j'étais en compagnie de Vén... enfin, d'une amie. Et voilà que je me retrouve dans une marée de lettres tout droit sortie d'un manuel de sorcellerie ! Peut-être vas-tu m'expliquer pourquoi, ajouta-t-il d'un ton sec.

— Je ne sais pas quoi vous dire, avoua Sabrina. Je m'apprêtais à vérifier quelque chose dans le manuel, vu que je ne comprenais rien à votre interro de téléportation, et...

— Quelle interro de téléportation ? Je ne suis pas en train de te faire passer un examen !

— Hein ?

— Pas du tout ! Je suis en week-end... enfin, *j'étais* en week-end !

— Alors, si ce n'est pas à cause de vous, pourquoi je me téléporte dans des livres ou des émissions de télé sans raison ?

— Il n'y a point d'effet sans cause, point d'événement sans raison. Mais, en l'occurrence, je n'y suis pour rien.

Il but une gorgée de son jus d'orange, puis scruta la jeune fille avec attention :

— Quand les téléportations ont-elles commencé ?

— Quand j'ai voulu quitter la maison, ce matin. Jusqu'à présent, je ne m'étais jamais téléportée dans un manuel.

Le J auquel se retenait Sabrina se mit à osciller. La jeune sorcière préféra sauter sur un B.

— Qu'est-ce que c'est que ces lettres ? demanda-t-elle.

— Nous sommes de toute évidence dans ton manuel. Les lettres que nous voyons sont donc probablement issues de mots qui, eux-mêmes, formaient jadis des phrases.

— Mais pourquoi les lettres bougent-elles ?

— Les livres de magie n'obéissent pas exactement aux mêmes règles que les livres destinés aux simples mortels. Il semble que ce texte soit extrêmement indiscipliné, voilà tout. ATTENTION ! hurla soudain le Maître de Magie.

Sabrina se roula en boule dans la boucle supérieure du B. Il était temps : un D plongea au ras du B, détalant devant un Z qui zigzaguait en zonzonnant.

— Mais... c'est complètement dingue ! haleta l'apprentie sorcière. Pourquoi les lettres ne forment-elles plus des mots ?

Brusquement, Sabrina et le Maître de Magie furent isolés sur leurs lettres. Ils remarquèrent à quelque distance de là un petit groupe de caractères... qui formait deux mots, comme en réponse à Sabrina :

PARCE QUE !

— Ha ha, ricana le Maître de Magie. Bien fait pour toi, Sabrina. Ta question était naïve. Pourquoi les lettres devraient-elles former des mots quand personne ne les regarde ? L'important, c'est qu'elles soient en position quand on utilise le livre, non ?

— Et parfois, elles ne se remettent pas bien en place, dit Sabrina. C'est pour ça qu'il reste toujours des fautes, même quand le livre a été relu dix fois !

— La perfection n'est pas de ce monde, pontifia le Maître de Magie en s'installant sur un S qui passait.

« *Slurp !* fit-il avec élégance en aspirant une nouvelle gorgée de jus d'orange.

— Alors, qu'est-ce qui t'est arrivé juste avant que tu ne quittes ta maison ? lança-t-il en postillonnant autour de lui.

— Eh bien, Amanda nous a fait la joie de nous rendre une visite-surprise, et...

— A... Amanda ? crachota le Maître de Magie. Tu veux dire la fille de Marigold ?

Sabrina acquiesça.

— Tu sais, Sabrina, je pensais que tu étais une sorcière plutôt intelligente...

Étonnée, la jeune fille regarda le Maître de Magie.

— Certes, tu commets encore des erreurs, tu ne maîtrises pas toutes tes formules, tu ne travailles pas assez régulièrement..., poursuivit celui-ci. Mais je croyais que tu savais te servir de ton cerveau !

Perplexe, Sabrina vit le Maître de Magie pointer vers elle un index accusateur.

— Euh, moi aussi, je croyais..., balbutia-t-elle.

— Tu te trompais !

— C'est à Amanda que vous...

— Évidemment ! Pas la peine de chercher plus loin !

— Mais elle ne m'a pas vue !

— Ah, grogna le Maître de Magie, un peu embêté.

Après un instant d'intense réflexion, il sluuuuuuuurpa bruyamment avant de conclure :

— Alors ce n'est pas elle. Et il n'y a pas trente-six solutions. C'est forcément que...

Poffffff !

Sabrina était de retour dans la salle de classe. Elle leva la tête de son manuel. À cet instant, M. Kraft passait devant la porte avec Mme Quick. Quand il aperçut la jeune fille, il s'arrêta net et l'interpella :

— Je suis passé devant cette salle il y a trente secondes et vous n'y étiez pas.

— Bien sûr que si, rétorqua la jeune fille en haussant les épaules.

— Mademoiselle Spellman, je vous demanderai d'arrêter vos mensonges et de changer d'attitude, tonna le vice-principal. Je vous dis que vous n'étiez pas dans cette salle il y a trente secondes ! Comment expliquez-vous que vous y soyez maintenant ?

— C'est sûrement le transfert moléculaire instantané..., suggéra Sabrina avec aplomb. Mais excusez-moi : je file, je ne voudrais pas être en retard en cours.

Elle prit ses livres et se leva.

— Vous *êtes* en retard, rétorqua le vice-principal en désignant la pendule murale. La cloche a sonné il y a deux minutes. Et s'il y a quelque chose que je déteste, c'est bien les gens en retard !

— Monsieur Kraft ! couina Mme Quick. Vite ! Vous êtes en retard pour la réunion du budget !

— J'arrive, j'arrive ! soupira le vice-principal. Et vous, Sabrina, je vous dispense de ricaner bêtement !

9

Salem retombe en enfance

— Excusez-moi, j'étais avec M. Kraft ! lança Sabrina en entrant dans la salle de classe.

Elle regarda par la fenêtre pour éviter de voir par hasard le titre d'un livre.

La panique s'emparait d'elle peu à peu, mais elle tâchait de se raisonner. Il devait y avoir une solution : « Point d'effet sans cause, point d'événement sans raison », comme disait le Maître de Magie. Puisque lui-même n'y était pour rien, Sabrina était désormais convaincue qu'Amanda lui avait jeté un sort.

Ce n'était pas une catastrophe. Dès que ses tantes seraient au courant, elles régleraient la question. Il suffirait qu'elles contactent leur cousine Marigold. Celle-ci inverserait le sort, et le tour serait joué.

Plus que deux heures de cours. En faisant très attention, elle devrait réussir à éviter d'être téléportée d'ici là ! Il suffisait qu'elle respecte quelques règles de précaution élémentaires : ne parler à personne, ne pas regarder la télévision ou des titres de roman, ne pas écouter quelqu'un raconter un film, une émission, un livre, et ne pas ouvrir son manuel de sorcellerie.

« Mmm... ce n'est pas gagné ! » conclut-elle.

Amanda se réveilla en entendant des pas précipités au rez-de-chaussée. Curieuse de savoir quelle calamité avait eu la bonne idée de s'abattre sur sa mère et ses tantes, elle se téléporta en bas de l'escalier.

— Tu es sûre, Zelda ? demandait Marigold.

— Autant que je puis l'être avant expérimentation.

Amanda enrageait d'avoir le son sans l'image. Elle se zappa donc dans une vieille photo de famille accrochée à un mur du salon. Une place de choix pour assister au spectacle.

Et la scène valait le coup d'œil ! Zelda tenait dans les bras un récipient rempli d'un liquide fumant, glougloutant, en un mot : dégoûtant. Sa mère et Hilda jetaient des regards émus au breuvage en sautillant d'excitation.

— C'est... c'est donc ça, l'élixir de jeunesse, coassa Hilda.

Zelda opina du chef.

— Excusez-moi, dit Salem. Je... je l'aurais

testé avec plaisir, mais je crois que nous avions pris rendez-vous chez le vétérinaire, aujourd'hui...

Amanda frémit : Marigold avait inversé son sort et Salem avait retrouvé sa forme initiale ! « Dommage, songea-t-elle. Il était tellement plus chou en boîte à gâteaux ! »

— Ha ha ha ! s'exclama Hilda. Bien joué, Salem ! Mais ça ne marche pas : une promesse est une promesse...

— J'ai menti, avoua le chat avant de s'élancer vers la porte.

C'était compter sans les réflexes de Hilda. Elle le zappa en plein bond. Immobilisé dans les airs, Salem la vit avec horreur s'approcher de lui pour le prendre dans ses bras. Elle le zappa de nouveau et Salem sentit la paralysie le quitter.

— Ne refais jamais ça, Salem ! Je serais obligée de me fâcher.

— Je n'y comprends rien, intervint Zelda. Je croyais qu'il avait accepté de tester la potion de son plein gré.

— J'ai été berné ! gémit le chat.

— Nous lui avons expliqué que des effets secondaires étaient à craindre, exposa Marigold. Mais l'attrait de la jeunesse éternelle était sans doute plus grand que sa peur, et il a dit oui.

— Elles ne m'ont pas laissé le choix ! se plaignit Salem. Enfin, si : c'était ou ça, ou rester une boîte à gâteaux ridicule toute ma vie.

Amanda crut qu'elle allait le tuer sur place : ridicule, sa boîte à gâteaux ? Mais Hilda faisait de nouveau entendre sa voix éraillée :

— Est-ce que tu voudras des côtelettes et des pommes de terre frites pour le dîner ?

Les moustaches de Salem frémirent :

— Pas seulement pour *ce* dîner : pour tous les dîners pendant huit jours. Avec des sushis en prime. J'adore les sushis.

— Des côtelettes et des sushis, c'est d'accord.

— Et des frites, rectifia Salem.

— Entendu.

— À tous les dîners pendant huit jours, reprécisa-t-il.

— Huit ? Tu abuses ! Disons sept, tenta de négocier Hilda en le caressant.

— Huit.

— Bon, bon, très bien ! Marché conclu.

Zelda regarda fixement la potion. Elle hésita un long moment avant de se décider :

— Ce dont je suis certaine, c'est que, s'il y avait des effets secondaires, ils ne seraient pas permanents.

— Mais qu'est-ce que je risque, même momentanément ? s'enquit Salem.

— Pas grand-chose, si ce n'est, peut-être, de rajeunir.

— De rajeunir de beaucoup ?

— Impossible à prédire...

Salem fronça les moustaches.

— Eh bien, quoi, Salem ? s'agaça Hilda. Sois sport ! Tu as promis, tu dois tenir.

Amanda aussi s'impatientait. Elle zappa la bouche du chat pour entendre les mots décisifs :

— Tu-as-raison-Hilda-j'ai-très-envie-de-tester-cette-potion, vite-Zelda-donne-la-moi-à-goûter.

Les trois femmes regardaient Salem, stupéfaites. Celui-ci poussa un léger cri et se reprit :

— Je... c'est pas moi qui ai parlé... on m'a jeté un sort...

— Trop tard ! s'écria Marigold.

— Bon... De toute manière, je crois que je n'y couperai pas, fit Salem.

Il sauta sur la table où Zelda avait posé le récipient. Puis il avança jusqu'au breuvage.

Amanda frissonna de plaisir. Dans quelques secondes, Salem allait regretter de ne plus être une boîte à gâteaux ! La petite sorcière retint son souffle : Zelda versait le précieux élixir dans un bol, avec un compte-gouttes. La potion était jaune et gluante. Salem s'en approcha et la renifla avec dégoût.

— Ça pue ! décréta-t-il. Il faut que quelqu'un

me bouche le nez, sinon je n'arriverai jamais à avaler cette mixture.

— S'il n'y a que ça pour te faire plaisir..., murmura Hilda en pinçant le nez du chat.

Salem lapa la potion et hocha la tête.

— Pas mauvais, admit-il. Je pensais que ça serait nettement pire.

Les trois femmes l'observaient avec attention.

— C'est très décevant, se plaignit Marigold. Il ne se passe rien.

— Est-ce que tu éprouves des picotements ou des démangeaisons ? s'enquit Hilda. Est-ce que tu te sens mal ?

— Non, désolé, je vais très bien, rétorqua Salem, agacé.

— Tu ne te sens pas plus jeune, subitement ? demanda Zelda.

— Non, je ne sens rien. Absolument r...

Swoush !

Amanda dut mettre la main devant la bouche pour ne pas éclater de rire : Salem venait de se transformer en un minuscule chaton.

— Oups, lâcha Zelda.

— Ça me paraît un bon résumé de la situation, confirma Hilda.

— Eh bien, ça alors ! Salem a rajeuni.

— Je ne pensais pas que l'élixir aurait cet effet, dit Marigold.

Un rictus de déception barrait son visage.

— Salem ! appela Hilda. Dis quelque chose !

— Mâââw ! Mâââw !

— Il a même oublié comment parler, se lamenta Hilda. Combien de temps va-t-il rester dans cet état ?

— Je ne sais pas, concéda Zelda.

Salem entreprit d'escalader le réfrigérateur. Marigold gloussa en voyant l'animal malhabile dégringoler.

— Je vais essayer de trouver un antidote, dit Zelda. D'ici là, il faudra zapper de la nourriture pour chatons...

« Super ! », ricana Amanda. Il suffirait que sa mère redevienne un bébé pour qu'Arnie la laisse tomber. Et Marigold serait alors incapable de l'envoyer chez Mlle Lorelei. Amanda n'avait plus qu'à attendre le bon moment pour frapper.

10

Amanda l'infernale !

Sabrina descendit du bus. Aussitôt, elle annula ses œillères invisibles qui lui évitaient de voir autour d'elle. Puis elle inversa le sort qu'elle s'était jetée pour ne rien entendre. Ouf ! Le plus dur était passé.

Dans quelques minutes, elle serait rentrée chez elle.

Marchant d'un bon pas, elle arriva bientôt devant la belle demeure victorienne de ses tantes. Elle ouvrit la porte. Quelle ne fut pas surprise en voyant un chaton se jeter sur elle !

— Salem ! C'est toi ? demanda l'apprentie sorcière.

— Grrrrrrrr ! répondit l'animal.

Sabrina se pencha pour le caresser. Le petit félin s'écarta d'un bond et fonça jouer avec une souris en plastique. Il essayait de la saisir entre ses pattes malhabiles.

« Comme il est chou ! », songea la jeune fille, attendrie.

— Au moins, tu n'es plus une boîte à gâteaux, remarqua-t-elle. Je te préfère comme ça.

Elle sourit. Son amusement fut de courte durée. Quelque chose ne tournait pas rond. Qu'était-il arrivé pour que Salem ne retrouve pas sa forme initiale ?

— Tante Hilda ! Tante Zelda ! appela Sabrina.

— Ouh-ouh ! On est là ! cria Zelda.

Lançant en vrac son manteau, son sac à dos et ses livres sur le sofa, Sabrina courut vers la salle à manger. Tante Zelda avait l'air soucieuse. À ses côtés, Marigold semblait déprimée.

— Et tante Hilda, elle est où ? s'enquit l'apprentie sorcière.

— Elle prépare une purée de thon pour Salem, répondit distraitement Zelda.

Visiblement, elle pensait à autre chose. Ses yeux étaient fixés sur un carnet à spirale couvert de formules.

— Comment Salem s'est-il débrouillé pour...

— Il n'y est pour rien, déclara Zelda. Il a eu la malchance de tester ma dernière potion, et voilà...

— Zelda a trouvé le secret de l'éternelle jeunesse, compléta Marigold. Malheureusement, ça a trop bien marché.

— Ouf ! Vous me rassurez ! s'exclama Sabrina.

Les deux femmes la regardèrent avec stupéfaction.

— Je pensais que c'était encore un tour d'Amanda, comme quand elle l'avait transformé en boîte à gâteaux..., expliqua la jeune fille.

— Tu étais au courant ? s'étonna Zelda. Pourquoi ne nous as-tu rien dit ?

— J'ai laissé un mot sur le miroir de la salle de bains. Et j'ai essayé de vous appeler, mais la ligne était occupée. En plus, j'étais incapable de rentrer à la maison. Apparemment, le sort de téléportation qu'Amanda m'a jeté m'en empêchait.

— Attends, Sabrina ! dit Zelda en levant la main. De quel sort de téléportation parles-tu ?

— Amanda m'a jeté un sort de téléportation aléatoire.

— C'est-à-dire ? s'informa Marigold.

— C'est-à-dire que, sans le vouloir, je me retrouve plongée dans des romans, des émissions de télé, des films, et même dans mon manuel de sorcellerie !

— Ne t'inquiète pas, Sabrina. Je vais la zapper ici pour qu'elle inverse le sort immédiatement.

— Est-ce que tu ne pourrais pas le faire toi-même, Marigold ? demanda l'apprentie sorcière.

Elle ne tenait pas tellement à rencontrer Amanda en personne.

— Ce n'est pas la question, objecta Marigold. Amanda doit apprendre à assumer les sorts qu'elle lance. Je veux lui inculquer les bases de la responsabilité avant qu'elle rencontre Mlle Lorelei, demain.

Marigold zappa un téléviseur qui pouvait recevoir son Vidéo Programme Personnel.

— Petit, petit, petit, minauda tante Hilda en passant la tête à la porte de la cuisine. Ah, bonsoir, Sabrina ! Est-ce que tu aurais vu Salem ? Son repas est prêt, et je voudrais vérifier qu'il sait encore se servir de sa litière.

— Actuellement, il est en train d'escalader ma jambe droite, sourit l'apprentie sorcière.

Elle prit le chaton par la peau du cou et le tendit à Hilda, qui regagna la cuisine.

— Oh, non ! s'écria Marigold. Amanda n'est pas dans sa chambre.

Sabrina jeta un œil au VPP, et...

Poffffff !

La jeune sorcière était au beau milieu de la chambre d'Amanda. Les murs étaient peints en rose bonbon. Des animaux souriants étaient dessinés sur les draps. Dans la bibliothèque, les livres étaient harmonieusement classés selon leurs tailles et leurs couleurs (rose, vert, rouge). « Marigold est passée par là », pensa la jeune fille.

Elle s'était à peine assise sur le lit que celui-ci se secoua en criant :

— Debout ! Debout ! Debout !

— D'accord ! D'accord ! D'accord ! répliqua Sabrina sur le même ton.

Dès qu'elle se fut relevée, les draps se défroissèrent et l'oreiller se regonfla.

— Avons-nous l'air bien repassés ? demandèrent les draps.

— Suis-je convenablement rebondi ? s'inquiéta l'oreiller.

— Vous êtes nickel, les rassura Sabrina.

— Merci mille fois, répondit le lit. Nous ne voulions pas être désagréables, mais nous avons la phobie des plis. Si je ne suis pas impeccable quand elle rentre, Amanda m'oblige à faire cinquante pompes, et, à mon âge, ce n'est point chose facile.

Le cœur de Sabrina se serra :

— Je savais qu'Amanda pouvait être cruelle,

mais à ce point... Comme vous devez être soulagés de savoir qu'elle sera absente pour un moment, à partir de demain !

— Vous plaisantez ?

— Pas du tout ! Marigold doit envoyer cette sale peste à l'école de redressement de Mlle Lorelei.

Un tonnerre d'applaudissements et de hourras fit trembler la chambre. Les rideaux se dénouèrent et volèrent dans les airs ; les tabourets et les chaises esquissèrent une farandole endiablée ; les tiroirs du bureau s'ouvrirent et se fermèrent en claquant de joie ; un sourire apparut sur le miroir du dressing ; et la chaîne stéréo diffusa à plein volume *I will survive !* « Je survivrai ! »

« *First, I was afraid, I was petrified...* « J'ai longtemps eu si peur, j'étais pétrifiée... », crachèrent les haut-parleurs.

Sabrina tapa dans les mains en mesure. Un manteau invita une robe de chambre à danser. Les stylos se trémoussèrent en rythme dans la trousse ; la lampe de chevet se mit à clignoter comme un stroboscope ; tandis qu'un pouf marquait la cadence en sautillant.

« *I will survive, I will survive !* »

Au refrain, les chaussures sortirent du placard et investirent la pièce en se dandinant. Un mocassin en daim fit du pied à une très jolie bottine ; une vieille chaussure bateau oublia sa fatigue pour mettre ses pas dans ceux d'une tennis dernier cri.

« *Lalalala, lalalalala...* »

Poussée par la curiosité, Sabrina s'approcha du placard et saisit la poignée pour l'ouvrir. Aussitôt, un violent choc électrique l'ébranla.

— Aaaaaaaah ! hurla-t-elle.

Instantanément, la musique se tut et les objets reprirent leur place en toute hâte. Sabrina avait réussi à lâcher la poignée, mais elle tressautait encore sous l'effet du courant. Elle se retrouva devant le miroir, et ce qu'elle vit lui arracha un autre cri.

— Aaaaaaaaah ! gémit-elle de nouveau.

— Chuuuuuut ! répondirent les meubles.

Sabrina était trop horrifiée pour protester. Ses longs cheveux étaient bouclés et dressés sur la tête. Son pull et son jean avaient rétréci de moitié, et de la fumée s'en échappait.

— Excuse-moi, murmura le miroir, mais je préfère te montrer la vérité tout de suite.

— Parce... parce qu'il t'arrive de tricher ? lâcha Sabrina, le souffle court.

— Parfois, je suis obligé. Quand Amanda n'aime pas son reflet, elle m'interdit de réfléchir pour me punir.

— C'est assez spectaculaire, comme look !

estima le lit. Peut-être vas-tu lancer une mode qui...

Poffffff !

— Sabrina ! Comment vas-tu ? demanda Zelda. Nous avons vu tout ce qui t'est arrivé sur le Vidéo Programme Personnel...

— Ça va. Je crois juste que je viens de comprendre pourquoi le mot « hirsute » existait !

— Marigold, remets-nous notre petite Sabrina en état, s'il te plaît ! ordonna Zelda d'un ton ferme.

— Amanda avait préparé ce sort pour moi !

Marigold, sidérée, contemplait l'écran du téléviseur avec des yeux ronds.

— Oui, mais c'est Sabrina qui l'a pris en pleine figure, objecta Zelda en tapant du pied. Alors, inverse-le tout de suite !

— Ma propre fille ! gémissait Marigold sans l'entendre. Vous vous rendez compte ?

— Marigold ! Ce n'est pas le moment ! Cesse de geindre, et fais ce qu'on te dit !

— Oh oui, bien sûr, excusez-moi.

Bien calée dans son fauteuil, Marigold zappa Sabrina. La jeune fille toucha ses cheveux avec précaution et demanda :

— Comment je suis ?

— Beaucoup mieux ! la rassura Zelda.

Elle zappa un miroir et le présenta à Sabrina. L'apprentie sorcière soupira, soulagée :

— Et un sort d'Amanda levé, un ! As-tu retrouvé Amanda, Marigold ?

— Non, pas encore, avoua celle-ci.

— Ce serait mieux pour tout le monde si tu inversais toi-même le sort de téléportation.

Le ton de Zelda était sans réplique. Marigold inspira un grand coup et se mit à chantonner :

Que cesse le sort que jeta Amanda,
Et que Sabrina ne se téléporte pas !

— Je n'ai rien senti ! protesta l'apprentie sorcière.

— Ça arrive quelquefois, assura Zelda.

— Mmm..., peut-être, admit la jeune fille, mais j'aimerais vérifier que ça a marché.

— Très bien, jeta Marigold d'un air pincé.

Zelda se dirigea vers la télévision du salon. L'apprentie sorcière la retint :

— Attends ! Je préférerais choisir un truc pas trop dangereux, au cas où je devrais me retrouver téléportée là-dedans.

— Qu'est-ce que tu appelles « pas trop dangereux » ?

— Surtout pas les infos, ni un documentaire sur les lions, par exemple.

— Tu as raison. Qu'est-ce que tu penses de

Grease ? Hilda le regardait au magnétoscope, hier soir...

— Ça me va, approuva Sabrina.

Si Marigold n'avait pas annulé le sort d'Amanda, autant avoir une chance de danser avec John Travolta !

Zelda alluma le magnétoscope et la télévision. Puis elle appuya sur « Lecture ».

Poffffff !

11

Cooââ... Cooââ...

« Regardez-moi, c'est moi, Sandra... »

Une jeune fille était en train de chantonner devant le miroir. Sabrina l'identifia sans peine : dans le film, elle s'appelait Rizzo et n'était pas toujours très aimable.

— Eh ! toi ! D'où tu sors ? Qui t'a invitée ? l'interpella Rizzo.

— Je ne fais que passer... J'ai été projetée ici... téléportée...

Une autre jeune fille l'observait, la bouche ouverte. Sabrina la reconnut : c'était Frenchy ! Elle avait la tête hérissée d'épingles à cheveux et couverte d'un filet turquoise.

— C'est Sandra Dee ! s'écria-t-elle. Sandra Dee en personne !

— Mais non, pas du tout ! protesta Rizzo.

— Si, si, insista Frenchy. C'est Sandra Dee, j'en mettrais ma main au feu !

— Pfff ! souffla Rizzo, méprisante. T'es Sandra Dee ou pas ?

— N'importe quoi, ricana Jan en secouant sa queue-de-cheval.

— Après tout, elle est blonde et elle n'a pas l'air très futée, grinça Rizzo. Elle pourrait bien être Sandra Dee.

Prise d'un fou rire, Frenchy se tourna vers les toilettes et cria :

— Sandy ! Viiiiiiiite ! La véritable Sandra Dee est là ! Dans ma chambre ! En chair et en os !

— Sauf qu'elle a des boucles d'oreilles, objecta Jan, et ça, ça ne colle pas...

— Normal, rectifia l'apprentie sorcière, je suis Sabrina.

— Ouh là là ! bonjour, le prénom ! ironisa Rizzo. C'est un fromage français ou quoi ?

— Ça fait plutôt pom-pom girl, tu ne trouves pas ? suggéra Frenchy.

— Si elle était pom-pom girl, elle t'aurait déjà mise en miettes. C'est hyper-dangereux, ces filles-là ! Mais si jamais j'en rencontrais une...

— Wouah ! s'écria Marty. Je n'aimerais manquer ce moment pour rien au monde !

Sabrina sourit en pensant à ce qui se passerait si Rizzo rencontrait Libby.

— Un de ces jours, j'aurai peut-être une surprise pour toi, dit-elle.

— J'ai l'impression que Sandy est encore malade, observa Frenchy. On n'a plus qu'à attendre que ça passe. Tu veux rester dormir avec nous, Sabrina ?

— Frenchy ! protesta Rizzo. Tu copines avec n'importe qui !

— Je suis chez moi, j'invite qui je veux.

Et soudain, *poffffff !*

Encore sous le choc de la téléportation, Sabrina vacilla et s'effondra sur le sofa. Zelda éteignit la télé.

— Décidément, rien ne va plus !

— Oui, tante Hilda ne sait plus caler les cassettes vidéo ! plaisanta Sabrina. J'aurais tellement aimé danser avec le plus beau mec du monde... après Mel Gibson et Harvey !

Zelda sourit. Puis une ombre de perplexité passa sur son visage :

— C'est quand même bizarre que Marigold n'ait pas inversé le sort de téléportation. Es-tu absolument certaine que c'est Amanda qui te l'a lancé ?

— Qui d'autre aurait pu le faire ?

— Oui, tu as raison... Je n'y comprends rien. Peut-être Marigold aura-t-elle une explication. Tu viens ?

Sabrina secoua la tête :

— Non, merci. Dès que j'aurai repris mes esprits, j'irai me reposer dans ma chambre !

— Ma pauvre enfant ! compatit Zelda. Tâche de ne pas trop te tracasser. Je t'appellerai quand nous aurons une piste, d'accord ?

Sabrina acquiesça. Mais elle commençait à craindre que personne ne puisse rien pour elle : le Maître de Magie et Marigold avaient échoué à la tirer d'affaire. Et Zelda n'avait pas l'air très inspirée...

Amanda, toujours camouflée dans la vieille photographie, s'empara du compte-gouttes chargé de potion. À ce moment précis, Zelda entra dans la salle à manger, visiblement chiffonnée. Mais Amanda était décidée à prendre tous les risques. Sa mère s'était servie un radeau, sa boisson préférée – une rondelle de citron flottant sur de la limonade.

— Que se passe-t-il, Zelda ? s'enquit Hilda.

Très lentement, Amanda éleva le compte-gouttes au-dessus du verre de sa mère. Salem le chaton était par terre. Les moustaches frémissantes, il regardait l'objet qui volait dans les airs.

— Ne nous dis pas que tu n'as pas trouvé l'erreur dans ta formule ! supplia Marigold.

— Il s'agit bien de ma formule ! s'emporta Zelda. J'ai vraiment autre chose en tête....

Pour détourner l'attention du chat, Amanda zappa le cahier de Zelda, qui tomba par terre. Aussitôt, Salem bondit dessus.

— Qu'est-ce que c'est ? s'inquiéta Marigold en scrutant le sol.

Amanda n'avait plus une seconde à perdre. Elle pressa le compte-gouttes une dernière fois, puis le reposa.

— C'est juste Salem qui joue avec le carnet de notes de Zelda.

— Bon, alors, qu'est-ce qui se passe ? demanda Hilda à sa sœur.

Soudain, un cri étouffé parvint de l'étage.

— Sabrina ! s'écria Zelda.

Elle se mit debout précipitamment, renversant sa chaise.

— Quoi, Sabrina ? reprit Hilda, inquiète.

— Toi, Hilda, tu restes là et tu vérifies que Salem ne touche à rien, ordonna Zelda. Toi, Marigold, tu me suis.

— Depuis quand tu me donnes des ordres ? protesta Marigold.

— Depuis que ta fille a envahi notre maison et a décidé de s'amuser à nos dépens. Ne discute pas !

Des éclairs passaient dans les yeux de Zelda.

Ses doigts étaient parcourus d'électricité. Déjà, elle montait les marches quatre à quatre.

Hilda toisa Marigold :

— Si tu veux fêter ton anniversaire encore une fois, ne la fais pas attendre.

Sa cousine comprit que l'affaire était sérieuse et quitta la pièce à son tour.

« Et mince, raté ! », songea Amanda. Sa mère n'allait pas retomber tout de suite en enfance. La jeune sorcière se tapit dans la photographie pour attendre la suite des événements.

— Mâââw ! gémit Salem.

Hilda se mit à marcher nerveusement de long en large. Puis, remarquant le verre que s'était préparé Marigold, elle le prit et s'installa confortablement dans un fauteuil. D'un œil, elle observait le chat. Il tenta d'escalader la table pour atteindre la limonade empoisonnée, mais Hilda le chassa d'un revers de main.

— Pas touche, petit chat ! s'exclama-t-elle. C'est pour les grandes personnes, ça !

Elle ôta la rondelle de citron, et vida le verre d'un trait.

Amanda ne savait pas si elle devait rire ou pleurer quand Hilda eut terminé de boire.

Lorsque Zelda et Marigold arrivèrent à la rescousse, elles trouvèrent Sabrina plantée dans le couloir. La jeune fille regardait la porte de sa chambre avec des yeux noyés de larmes.

— Quelqu'un a transformé ma chambre en marécage ! s'écria-t-elle.

Sa tante poussa le battant et demeura interdite. Derrière elle, Marigold fronça le nez :

— C'est assez réaliste, non ?

— Mais ça va pas ? s'emporta Zelda. Ta fille détruit notre maison et toi, tu l'applaudis ?

Commode, placard, lit, vêtements, tout avait disparu... À la place, une étendue boueuse... et une grenouille qui coassait dans un coin.

— Si elle savait parler, elle pourrait nous dire ce qui s'est passé, suggéra Sabrina en désignant le batracien.

Voyant qu'on s'intéressait à lui, l'animal bondit sur une racine qui émergeait à l'autre bout de la pièce. Puis, de proche en proche, il atteignit la porte et atterrit sur... la veste de Marigold.

— Hiiiiiiiii ! cria Marigold. Au secours ! Enlevez-moi ça !

Mais la grenouille s'accrochait à une boutonnière. Et Marigold poussait des hurlements perçants :

— À l'assassin ! On m'agresse ! J'ai peur ! Zelda ! Sabrina ! Mais faites quelque chose, bon sang !

— Cette grenouille est têtue, observa Sabrina en la prenant délicatement dans ses mains.

— Très têtue, confirma Zelda.

— Et si ça n'était pas une *vraie* grenouille ? dit l'apprentie sorcière.

— C'est exactement ce que j'étais en train de me demander, approuva sa tante.

Marigold haletait, encore sous le choc. Elle considéra avec horreur les traces de boue qui recouvraient sa veste.

— Es-tu une vraie grenouille ? s'enquit Sabrina.

L'animal secoua vigoureusement la tête de droite à gauche.

— C'est Amanda qui t'a métamorphosée ?

Le batracien sauta plusieurs fois pour confirmer l'intuition de la jeune fille.

— Marigold, dit doucement Zelda, il faut que tu annules le sort qu'Amanda a jeté sur cette bête.

— Jamais ! Tu as vu comment elle a massacré ma jolie veste neuve ?

— Marigold...

— Une création du grand couturier Sipa Simocho !

— Marigold...

— C'est un cadeau d'Arnie, tu ne te rends pas compte ! S'il s'en aperçoit, il...

— Marigold, c'est la faute de ta fille, rétorqua Zelda avec fermeté. Ce qu'elle a fait à cette grenouille et à la chambre de Sabrina est BEAUCOUP plus grave que ce qui est arrivé à ta veste !

Marigold grommela, renifla, s'essuya les yeux, puis pointa l'animal du doigt en chantonnant :

Qui que tu sois, quoi que tu sois,
Redeviens-le comme autrefois !

Et la grenouille redevint un petit homme rondouillard, avec des lunettes et une tête auréolée de cheveux blancs. Il portait une chemise blanche et un tablier d'artisan.

— Gérald ! s'exclama Zelda.

Marigold se tordait les mains, affreusement gênée :

— Vous êtes le propriétaire du Magasin des poudres précieuses, c'est cela ?

— Et dire que tout le monde vous croyait parti en expédition ! s'étonna Zelda.

— Qui a osé transformer le plus célèbre fournisseur d'ingrédients pour potions de tout l'Autre Royaume ?

— J'ai comme une idée, murmura Sabrina.

— C'est Amanda ! glapit le bonhomme.

— Pan dans le mille ! lâcha Sabrina à mi-voix.

— Pour... pourquoi a-t-elle fait ça ? bégaya Marigold.

— Parce que j'ai refusé de lui délivrer une substance strictement interdite aux sorcières mineures et non diplômées.

— Laquelle ?

— De la poudre d'herbe de la Trinité.

— J'y suis allergique ! s'exclama Marigold. Quand j'en respire, je ne peux plus parler ni bouger pendant des jours !

— Amanda était certainement au courant..., avança Zelda. Elle voulait sans doute te réserver une surprise à sa façon.

— Amanda est une petite lâche ! tonna Gérald. Avant même que je commence à lui expliquer pourquoi je ne pouvais pas lui vendre cette poudre, elle m'a zappé !

— Je suis vraiment, sincèrement, extrêmement, profondément désolée, s'excusa Marigold avec un sourire navré qui ressemblait à une grimace de douleur. Si je peux vous aider à...

Gérald la fit taire d'un geste :

— Tant qu'Amanda ne m'aura pas présenté ses excuses, et tant qu'elle n'aura pas réparé le préjudice qu'elle m'a causé, je ne veux plus te voir dans ma boutique.

— Mais je... mais je... mais je...

— Madame, mademoiselle, je vous souhaite bien le bonjour, dit Gérald en tournant les talons.

— Attendez ! l'arrêta Sabrina. Comment

êtes-vous arrivé dans ma chambre ? Et comment ma chambre est-elle devenue un immonde marécage ?

— Amanda m'a amené ici pour me faire chanter. Et elle a transformé votre chambre parce qu'elle n'en aimait pas la décoration.

Et sur ce, il disparut.

— Mais je... mais je... mais je..., continuait de balbutier Marigold.

Zelda la prit par le bras et la secoua sans ménagement.

— Tais-toi ! Amanda est de retour dans le monde des mortels, et nous devons la retrouver au plus vite !

— Mais... mais je... mais je n'ai aucune idée de l'endroit où elle peut être ! se lamenta Marigold.

Un cri perçant de jeune enfant se fit entendre au rez-de-chaussée.

— On devrait regarder en bas, conclut Sabrina.

Au pied de l'escalier, Amanda retenait Salem. Le chaton voulait se précipiter sur une petite fille aux boucles blondes qui flottait dans un T-shirt dix fois trop grand pour elle.

— Tante Hilda... C'est toi ? demanda Sabrina.

12

Hilda rajeunit

Hilda ne pleurait plus. Elle se frottait les yeux d'une main. De l'autre, elle désignait Salem.

— Veux petit' a', dit-elle.

Et, comme personne ne réagissait, elle répéta sur un ton strident :

— Veux petit' a' ! Veux petit' a' ! Veux petit' a' !

Zelda n'était pas encore remise de sa surprise.

— Je crois qu'elle veut jouer avec Salem, traduisit-elle enfin.

— Quel âge a Hilda, d'après toi ? demanda Sabrina.

— Je dirais deux ans, deux ans et demi.

— Elle n'a que ce qu'elle mérite, déclara Marigold. Elle savait que ton élixir la ferait rajeunir bien plus qu'elle ne le souhaitait. Et elle l'a bu quand même...

— Elle savait aussi ce qui lui arriverait si elle en buvait. Et, contrairement à certaines personnes ici présentes, elle n'est pas stupide. Ça m'étonnerait qu'elle ait avalé ma potion volontairement.

Hilda se remit à pleurnicher :

— Veux petit' a' ! Veux petit' a' ! Veux petit' a' !

— Tu ne voudrais pas plutôt une tétine ? proposa Sabrina, qui en zappa une au goût cerise et la tendit à Hilda.

Celle-ci la prit, l'observa attentivement, la renifla, puis la jeta de toutes ses forces en criant :

— A pue ! 'A très pue !

Amanda ricana. D'un regard, Marigold la réduisit au silence. Hilda voulut avancer, mais son T-shirt traînait par terre et la fit trébucher. Sabrina lui zappa une tenue adéquate : couche propre, vêtements assortis et adaptés à sa taille, chaussures confortables.

— Un index magique, c'est pratique pour s'occuper des enfants ! observa Zelda.

— Veux 'ose ! réclama Hilda.

— Tu veux une tétine ? Tu ne vas pas la jeter, cette fois ?

— Veux 'é'ine !

— Bon, bon, ne hurle pas...

Sabrina lui zappa une nouvelle tétine au goût cerise.

— Meffi 'abrina !

Toute contente, la petite Hilda grimpa sur une chaise basse et sourit. Sabrina cilla. Personne ne l'avait prévenue que les enfants possèdent une arme redoutable : ils peuvent être hyper-craquants !

« Est-ce qu'Amanda a été comme ça un jour ? », se demanda Sabrina.

Justement, Zelda se tournait vers la peste de l'Autre Royaume :

— C'est toi qui as infligé ce traitement à Hilda ?

— Je m'en charge, Zelda ! intervint Marigold. Explique-toi, Amanda. Qu'est-ce que tu as fait ?

— Je me suis occupée, dit calmement Amanda. Je m'ennuyais, alors j'ai utilisé mon imagination, comme tu me le conseilles toujours.

— C'est ça, que tu appelles utiliser ton imagination ? Obliger Hilda à boire de l'élixir de jeunesse ?

— Je ne l'ai obligée à rien du tout. Elle n'avait qu'à pas boire ton verre, après tout !

Marigold sursauta :

— Comment ça, *mon* verre ? Tu avais mis de l'élixir de jeunesse dans *mon* verre ? En sachant que je redeviendrais un bébé quand je le boirais ? Mais tu es complètement folle, ma pauvre enfant ! Comment peux-tu avoir des idées pareilles ?

— Et toi ? Tu ne veux pas m'envoyer chez Mlle Lorelei, peut-être ? Comment peux-tu avoir des idées pareilles ?

— Comment savais-tu que la formule n'était pas au point ? demanda Zelda.

— Pas compliqué. Quand je suis sortie de la chambre de Sabrina, je me suis téléportée dans cette photo. Comme ça, j'ai tout vu et tout entendu...

Sabrina reporta son attention sur la vieille photographie de famille accrochée au mur. C'était l'un de ces objets tellement familiers qu'à force, on ne les voit plus. Pourtant, en observant les visages, Sabrina s'aperçut qu'aucun personnage ne souriait, ce qui n'était pas le cas auparavant. Le passage d'Amanda parmi eux avait magiquement laissé des traces !

— Est-ce que tu n'en as pas assez de rendre les autres malheureux ? lança Sabrina à sa cousine.

— Non, lui répondit celle-ci sans hésiter. Tu devrais essayer. C'est très amusant.

Son visage serein ne montrait aucune trace de remords.

— Rends-moi mon chat ! ordonna Sabrina.

D'autorité, elle prit Salem des bras d'Amanda.

— Et maintenant, file nettoyer ma chambre !

— Pas question. C'est mon chef-d'œuvre.

— Qu'est-ce que tu viens de dire, Amanda ? reprit sa mère.

— J'ai dit que je ne détruirai pas mon chef-d'œuvre.

— C'est bien ce que j'avais cru entendre..., murmura Marigold. D'accord. Nous allons laisser le marécage tel quel à Sabrina, n'est-ce pas ?

— Oui ! approuva Amanda, tout heureuse que sa mère cède une fois de plus à ses caprices.

— Mais, comme il faut le laisser en parfait état, continua Marigold, corrigeons aussi ses plus petits défauts...

— Il a des défauts ? répliqua Amanda, sidérée.

— Oui. Il y manque une grenouille. Que veux-tu, nous avons renvoyé Gérald dans l'Autre Royaume ; et un marécage sans grenouille, c'est bizarre. Voilà ce que je te propose, Sabrina : prends Amanda comme grenouille.

— Quoi ? glapit l'intéressée.

L'apprentie sorcière allait protester, elle aussi. Mais elle comprit que Marigold voulait seulement faire peur à sa fille.

— C'est une excellente idée, répondit-elle.

Elle mit sa cousine en joue avec son index :

— J'ai toujours pensé qu'Amanda serait une ravissante grenouille...

— Maman ! Arrête cette plaisanterie tout de suite !

— Tu as le choix, Amanda, dit Marigold. Option numéro un : être transformée en grenouille et croupir dans le marécage que tu as construit jusqu'à ce que Sabrina décide de te relâcher. Si elle décide de te relâcher un jour... et si aucun autre animal ne t'a mangée d'ici là...

Fatigué d'être dans les bras de Sabrina, Salem s'étira. L'apprentie sorcière le reposa à terre.

— Et quelle est l'option numéro deux ? s'enquit Amanda.

— Tu remets la chambre de Sabrina comme elle était avant ton passage. Et je dis bien : exactement comme elle était.

Sous l'effet de la colère, Marigold parlait de plus en plus vite :

— Et dès demain, tu te rends sans histoire à l'école de Mlle Lorelei, et tu y restes jusqu'à ce que tu aies obtenu ton diplôme ! Et ça m'est complètement égal, tu m'entends, com-plè-te-ment-é-gal si ça doit durer des siècles et des siècles !

— Il faut aussi qu'elle inverse le sort de télé-portation qu'elle m'a jeté, ajouta Sabrina.

— Tu as raison, Sabrina, approuva Marigold.

— De quel sort parlez-vous ? demanda ingénument Amanda.

— Ne fais pas l'innocente ! s'emporta l'apprentie sorcière. Celui à cause duquel je me téléporte dans les émissions de télévision, les films ou les livres que j'ai vus ou dont j'ai entendu parler !

Amanda éclata de rire.

— Je ne vois pas ce qu'il y a de drôle, gronda Marigold.

— C'est que... c'est que... Ce sort-là, c'est... c'est elle qui l'a lancé ! hoqueta Amanda en désignant Hilda.

Et elle se mit à rire de plus belle.

— Tu peux me réexpliquer cette histoire, tante Zelda ? demanda Sabrina.

Marigold et Amanda étaient dans sa chambre en train de réparer les dégâts, et Zelda travaillait sur l'antidote.

— C'est bien simple ! Hilda a jeté un sort pour renvoyer Amanda chez elle. D'après Amanda, c'était quelque chose comme : « Dans les livres et à la télé, les sorcières vont et viennent comme ça leur chante. Mais il faudra te faire à l'idée qu'on n'entre pas chez nous comme dans un moulin ! »

Soudain, un bruit fit sursauter Zelda.

— Non ! Hilda ! hurla-t-elle. Ne touche pas à ça !

La petite fille voulait attraper une éprouvette. Surprise par le cri de sa sœur, elle s'apprêtait à pleurer quand Sabrina eut la bonne idée de lui zapper quelques jouets en plastique.

— Oh ! les jolis cubes ! s'exclama-t-elle. Hilda, tu as vu les cubes, comme ils sont jolis ?

— Pas beaux ! rétorqua la petite fille.

— Tu n'aimes pas les cubes ? Regarde ! On peut faire des piles, avec !

— Pas faire piles !

— Mais si, comme ça...

Hilda donna un grand coup dans la pile que venait de dresser Sabrina. Puis elle se mit à chercher les cubes éparpillés dans toute la cuisine.

— Ouf ! souffla Zelda. Avec un peu de chances, on est tranquilles pour au moins cinq minutes !

— Espérons ! soupira Sabrina. Alors, explique le sort de téléportation...

— Hilda a jeté un sort à Amanda, mais celle-ci a réussi à l'éviter.

— Et c'est moi qui l'ai récupéré, enchaîna Sabrina.

— Oui, mais pas directement, c'est là le problème. Tu as dû sortir de ta cachette une seconde après que le sort a été lancé. Résultat, il t'a touchée après avoir ricoché sur le miroir.

— Et donc ?

— Quand il ricoche contre un miroir, un sort s'abîme. En gros, je pense que la phrase de Hilda s'est transformée et a donné quelque chose comme : « Sorcière, va et viens dans les livres et à la télé ! », au lieu de : « Dans les livres et à la télé, les sorcières vont et viennent. »

Sabrina hocha la tête. Elle comprenait mieux pourquoi elle se téléportait n'importe où et n'importe quand ! Et elle entrevoyait pourquoi elle n'arrivait pas à se téléporter chez elle. En ricochant contre le miroir, la deuxième phrase (« On n'entre pas chez nous comme dans un moulin ») avait dû se retourner contre elle, alors qu'à l'origine elle était destinée à chasser Amanda !

— J'ai passé une journée horrible. Le téléphone était toujours occupé, remarqua Sabrina, je ne pouvais même pas vous demander conseil !

— Pfff ! Tu as joué de malchance, lui répondit Zelda. C'était encore une idée de Hilda. Elle a jeté un sort au téléphone pour qu'il ne me dérange pas au milieu de mon travail.

Hilda montra un cube en plastique à Zelda.

— C'est un cube, fit Zelda.

— Un 'ube ?

— Un cube, Hilda.
— Un 'ubilda ?
— Non, un cube tout court, rectifia Zelda.
— Un 'ubtoucou ?
— Tu es trop mignonne ! s'écria Sabrina en embrassant sa tante sur les deux joues.

Hilda gazouilla de plaisir :

— Omignonne ! Omignonne !

Hilda recula de deux pas et entreprit de jeter contre le mur les cubes en plastique qu'elle avait amassés dans un coin.

— Ne nous énervons pas, marmonna Zelda en contemplant son ordinateur portable.

— Omignonne ! Omignonne ! piailla Hilda.

Soudain, une ombre passa sur son visage.

— Va-t'en, mé'ant ! cria-t-elle en repoussant Salem.

Le chaton se ramassa sur lui-même, prêt à bondir. Sabrina comprit ce qui allait se passer, mais elle réagit un centième de seconde trop tard. Avant qu'elle ait pu l'en empêcher, Hilda avait transformé Salem en statue.

— Hilda ! Mais ça va pas, la tête ? se lamenta Sabrina.

— Omignonne ! lui répondit sa tante en éclatant de rire.

— Hilda a toujours eu l'index sensible, commenta Zelda sans émotion apparente. Elle n'a commencé à réfléchir avant de zapper que vers l'âge de cent seize ans...

— Mais... Tante Zelda... Elle a transformé Salem en statue !

— Elle est douée, n'est-ce pas ? Cela dit, les sorts des bébés sont efficaces mais ils ne sont pas permanents.

— Ils durent quoi ? Une minute ? Cinq heures ? Dix jours ?

— Ça dépend des fois, lâcha Zelda.

— Et pour trouver l'antidote ? Combien de temps vas-tu mettre ? Je dois faire du roller avec Harvey ce soir, moi !

— Ça mettra d'autant plus longtemps que tu continueras à me bombarder de questions...

— C'est quoi tu fais, 'elda ?

— J'essaie de travailler, Hilda. Mais il faut cesser de me parler, sinon je n'arriverai à rien !

Zelda inspira profondément puis réussit à sourire à sa sœur et à Sabrina.

— Si tu veux voir Harvey sans danger, occupe-toi un peu de ta tante !

— Viens, Hilda, dit l'apprentie sorcière. On va manger des gâteaux au chocolat.

— Oui ! Veux gâteaux au tocola !

Sabrina prit Salem dans une main, et la main de Hilda dans l'autre :

— Il faut aussi que j'appelle Valérie pour notre enqu...

— Sa-bri-na ! chantonna Zelda. Hilda a jeté un sort au téléphone et il sonne toujours occupé...

— Oh, flûte ! J'avais oublié ! Tu sais, Hilda, ajouta-t-elle en se tournant vers la petite fille, je n'aimerais pas voir comment tu te débrouilles quand tu décides de gâcher *volontairement* la journée de quelqu'un. Ça doit être terrrrrrrrrible !

13

L'index magique de Samantha

Sabrina jeta un œil à l'horloge. Il était seulement cinq heures. En une demi-heure, Hilda avait réussi à vider un gros paquet de gâteaux, à joncher le sol de miettes, et à se barbouiller le visage de chocolat.

Salem vint se frotter contre elle. Le sortilège de paralysie avait cessé ses effets quelques minutes auparavant, mais il n'avait pas retrouvé sa forme adulte pour autant !

— Veux descendre, 'abrina, dit Hilda en se tortillant sur son siège.

— Je dois d'abord te débarbouiller !

L'apprentie sorcière s'apprêtait à chercher une éponge quand elle songea à une méthode plus pratique et plus rapide. Elle pointa l'index sur Hilda. Aussitôt, les taches de chocolat disparurent. Puis Sabrina nettoya la table et le sol. À cet instant, la sonnette retentit.

— J'arrive, j'arrive !

— Veux descendre ! répéta Hilda.

Sabrina souleva sa tante de la chaise et la posa par terre. Le carillon résonna une nouvelle fois.

— On se calme ! s'énerva la jeune fille en se dirigeant vers la porte.

C'est alors qu'elle entendit un grand fracas. Horreur ! Hilda avait ouvert la porte du placard aux chaudrons ! Sabrina fila attraper sa tante avant qu'elle ne se retrouve sous une pile de marmites.

— Eh ! Sabrina, tu ouvres ou quoi ? cria Harvey.

« Harvey ? s'étonna la jeune sorcière. Mais qu'est-ce qu'il fabrique ici ? Nous n'avons rendez-vous que ce soir ! »

— Une minute ! répliqua-t-elle.

— Grouille ! Il fait *hyper*-froid, insista une voix familière.

« Oh, non ! Valérie est là, elle aussi ! »

— Un peu de patience ! bougonna Sabrina.

Pointant l'index, elle zappa une nouvelle boîte de jouets pour occuper Hilda et ouvrit la porte.

— Ce n'est pas trop tôt ! s'écria Valérie. J'ai cru que j'allais me transformer en glaçon !

Harvey et elle s'engouffrèrent dans la maison.

— Salut ! Qu'est-ce que vous faites ici ?

— On a essayé de t'appeler, mais ça sonnait toujours occupé, expliqua Harvey.

— On était censées se voir toutes les deux après les cours pour parler de notre rubrique « Les élèves ont la parole », tu te souviens ? dit Valérie.

— Oh, mon Dieu ! J'avais complètement oublié ! J'ai eu un truc urgent à régler, et...

— Toujours la même urgence ou une nouvelle ? s'enquit Valérie en ôtant son manteau.

— Non ! Enfin, si ! répondit Sabrina prise de panique. Mais vous ne pouvez pas rester. Nous attendons de la famille, et...

— Sabrina ? la coupa Harvey. Tu sais qu'il y a un chaton sur ta jambe droite ?

Salem était en train d'escalader le pantalon de Sabrina. Elle se pencha pour l'attraper, mais il bondit hors de portée.

— Euh... il est mignon, hein ? Il m'aime beaucoup.

Valérie sourit.

— Je vois ça. Et cette petite fille, c'est qui ?

— Justement ! C'est l'urgence dont je te parlais. Je n'ai pas pu t'attendre à la fin des cours parce que je devais rentrer garder ce monstre pour permettre à mes tantes de... enfin, de régler cette urgence familiale qui...

La jeune fille soupira :

— C'est très compliqué.

— Elle a l'air sage, pour un monstre ! plaisanta Harvey.

— L'habit ne fait pas le moine, rétorqua Sabrina. C'est une enfant très calme, et puis brusquement, pof ! elle est capable de piquer des colères terribles !

— Sans vouloir être indiscret, ce problème de famille, c'est grave ?

— Euh, non, non, et en même temps, oui, si, quand même un peu.

— Veux voir dessins za... zanimés, 'abrina ! s'exclama Hilda en s'accrochant à l'apprentie sorcière.

Non ! Pas de télé ! La dernière chose dont Sabrina avait besoin, c'était de se téléporter en présence de Harvey et de Valérie. Consciente d'être le centre d'intérêt, Hilda regarda Harvey et lui fit un de ces sourires dont elle avait le secret.

— Ouah ! Mais il est vraiment trop craquant, ton monstre ! s'extasia le beau jeune homme.

— On dirait tante Hilda, dit Valérie en observant la petite fille.

Sabrina blêmit.

— Tu trouves ?

Elle se mit à rire nerveusement.

— Veux dessins za... zanimés, 'abrina !

— Il n'y en a pas, en ce moment, Hild... Heidi.

— Excuse-moi, Sabrina, intervint gentiment Harvey, mais il y a une très bonne émission pour les enfants, à cette heure-ci. Mon petit frère l'adore et...

— Zanimés ! s'enflamma Hilda. Zanimés !

— Merci infiniment, Harvey, répondit Sabrina.

La jeune fille trouva la force de sourire à ses amis, avant de leur dire :

— Écoutez, je ne veux pas vous mettre à la porte, mais j'ai beaucoup de mal à m'occuper de Heidi et à vous parler en même temps.

— Et pour notre rubrique, Sabrina ? Qu'est-ce qu'on fait ?

Sabrina prit Hilda dans ses bras au moment où elle allait zapper Valérie.

— Eh bien, euh... J'y ai réfléchi... et je me suis dit qu'on pourrait tout simplement, euh... reformuler la question.

— Par exemple ?

— Par exemple ? Eh bien, euh... « Est-ce que ça vous semble*rait* convenable que des filles demandent à des garçons de sortir avec elles ? » Et on pourrait utiliser les réponses qu'on a déjà récoltées sans citer de nom, juste en écrivant que certains pensent que ci, et d'autres sont plutôt d'avis que ça, mais que le débat reste vif, un truc de ce genre.

— « Le débat reste vif ! », s'exclama Valérie. Mais oui, bien sûr ! Et elle se dirigea vers l'entrée avec Harvey. Je vais faire un tour au centre commercial. Peut-être que j'y rencontrerai des élèves à qui poser la nouvelle version de notre question. J'espère que ton téléphone sera vite réparé, pour qu'on puisse en discuter...

— Moi aussi, j'espère... Tu n'imagines pas à quel point !

Hilda se trémoussa dans les bras de Sabrina. La jeune fille la reposa par terre.

— Tu vas garder le monstre jusqu'à ce soir tard, ou tu pourras quand même venir patiner avec moi ?

— Normalement, je serai libérée d'ici là. Mais si jamais j'avais un peu de retard, tu m'attends, d'ac' ?

— Pas de problème ! À ce soir !

— Salut, Sabrina ! lança Valérie. Salut, Heidi !

— Salut ! Bonne chance !

Sabrina referma la porte et s'appuya contre le chambranle. Que d'émotions ! Sabrina vivait une journée très, très difficile...

Soudain, elle sentit quelque chose s'accrocher à elle. Mais un cri de Hilda détourna son attention :

— Youpi ! Regarde, 'abrina !

Obéissante, l'apprentie sorcière tourna les yeux. Sa tante avait réussi à se zapper une chaîne de télévision qui diffusait le générique d'une émission pour enfants : *Qu'y a-t-il dans la niche à Danny ?*

Poffffff !

— Coucou, les enfants ! minauda un animateur déguisé en chien et entouré de vrais chiens. Est-ce que vous savez l'heure qu'il est ?

« Oui, l'heure de se cacher », pensa Sabrina, qui se tenait derrière un arbre en carton.

— Non, Danny ! répondirent des voix enfantines enregistrées.

— Gentil, le chien, murmura-t-elle au terrier venu lui renifler la main.

Mais le terrier grondait. Et, brusquement, la jeune sorcière sentit que quelque chose continuait de la tirer par la jambe, comme tout à l'heure. Salem !

— Oh ! Vous n'êtes pas en forme, petits coquins ! s'étonna Danny le chien. Il est l'heure de respirer très très très très fort pour vous détendre. Regardez, comme ça !

Et Danny le chien respira très très très très fort.

— Bien, maintenant, préparez-vous ! Nous allons compter jusqu'à cinq !

— Jusqu'à cinq ? Oh là là là là ! répondirent les enfants.

— Oui, nous allons compter jusqu'à cinq ! Mais jusqu'à cinq quoi ? Allez, aidez-moi, les enfants. Jusqu'à cinq...

— Jusqu'à cinq doigts !

— Eh oui ! rit bêtement Danny le chien. Jusqu'à cinq quoi ? Jusqu'à cinq doigts !

— Mâou ! gémit Salem en coulisse.

Il venait de comprendre qu'il serait plus en sécurité sur les épaules de Sabrina que par terre. En deux bonds, il atteignit son objectif. Puis, du regard, il défia les chiens depuis son perchoir.

— Est-ce que tout le monde est prêt ?

— Oui.

— Je ne vous entends pas, les petits enfants : EST-CE QUE TOUT LE MONDE EST PRET ?

— Ouiii !

— Plus fort, les petits enfants ! EST-CE QUE TOUT LE MONDE EST PRÊT ?

— Ouiiiiiiiii !

— Ah ! C'est mieux ! Beaucoup mieux ! Alors attention...

Soudain, trois chiens se mirent à aboyer. Inquiet, Salem planta ses griffes dans le pull de Sabrina.

— Eh ! Ça va pas, Salem ? chuchota l'apprentie sorcière en tentant de se dégager.

Le chaton sentit que sa position était précaire. Aussitôt, il se réfugia dans l'arbre en carton.

— Salem ! l'appela Sabrina. Descends tout de suite !

Trop tard ! Danny le chien avait entendu le chahut.

— Assis ! cria-t-il.

Instantanément, les chiens se turent.

Tapi sur une fausse branche en partie recouverte de feuilles en plastique, le chaton ne se souciait pas de Sabrina. Ses yeux perçants scrutaient la menace qui grondait au pied de l'arbre.

— Oh là là là là ! Oh là là là là ! Oh là là là ! répéta Danny le chien, en attendant de trouver autre chose à dire. Une invitée surprise... Comment t'appelles-tu, invitée surprise ?

— Euh..., je m'appelle Samantha, dit Sabrina.

— Samantha ? Quel joli prénom ! Et que fais-tu ici, Samantha ?

— Je cherche mon chat.

— Oh ! Vous avez entendu, les enfants ? Samantha cherche son chat ! Pourquoi cherches-tu ton chat, Samantha ? Est-ce que tu l'as perdu ?

— Non, il est dans l'arbre.

— Oh ! Le chat de Samantha est dans l'arbre. Il risque de tomber et de se blesser.

— Allons chercher le chat ! s'écrièrent les enfants.

— Ne montez jamais aux arbres, les petits enfants, dit Danny le chien en regardant la caméra bien en face, sauf si votre papa ou votre maman est à côté de vous. C'est très dangereux. Vous risquez de tomber et de vous faire très, très mal !

Danny le chien était plus grand que Sabrina. Il essaya d'attraper Salem. Mais, quand le chaton vit un énorme chien se jeter sur lui, il bondit sur la branche supérieure.

— J'ai l'impression qu'il ne veut pas descendre !

La jeune fille recommençait à paniquer. Salem risquait de rester prisonnier de l'émission...

— Je sais ce qu'il faut faire ! intervint-elle. Je vais utiliser mon index magique pour le ramener.

— Mais bien sûr ! L'index magique ! s'exclama Danny le chien qui se demandait ce qui se passait.

Qu'est-ce que cette fille fabriquait dans *son* émission ? Et qu'est-ce que c'était que cette histoire d'index magique ?

— Allez, Samantha ! Montre-nous comment tu utilises ton index magique !

Sabrina décida de se servir des accessoires du

décor. Ainsi, elle laisserait croire qu'il y avait un truc. Elle pointa l'index sur un nuage bleu. Puis elle zappa Salem et le fit descendre avec le nuage. Elle se retrouva, son chaton dans les bras, aux côtés d'un Danny stupéfait.

Et *poffffff* !

« Mais où est-elle passée ? » s'étonnait de sa voix niaise Danny le chien.

Sabrina était de retour chez elle. La télé disparut, et Danny le chien se tut enfin.

— Non, Hilda, on ne touche pas ! criait Zelda dans la salle à manger.

— Zoulie 'outeille...

Sabrina fonça rejoindre ses tantes, qui se disputaient une éprouvette bleu irisé.

— Donne ça, Hilda ! C'est à moi, et ce n'est pas un jouet !

— Nan !

Avant que Sabrina ait pu réagir, Hilda avait posé le tube à essai et zappé sa sœur. Zelda n'était plus qu'une poupée ! À son tour, Sabrina pointa l'index sur la main de Hilda quand celle-ci voulut reprendre le tube.

— Aïe ! Ai mal ! gémit la petite fille.

La version réduite de tante Zelda était une poupée en pantalon et chemisier rouge coiffée de petites boucles jaunes. Sabrina s'en empara.

Par mégarde, elle appuya sur le ventre de la poupée, qui poussa un bref cri de bébé.

— Hum, ça m'étonnerait que tu avances beaucoup sur l'antidote dans les heures à venir...

Elle mettait la poupée hors de portée de Hilda quand elle entendit celle-ci hurler :

— Pas toucher !

Elle se retourna. Hilda était devant un puzzle de bois. Amanda lui faisait face, une pièce à la main.

— Tu ne penses qu'à toi ! Ce n'est pas bien..., dit Amanda.

« Et c'est une experte qui parle », ironisa Sabrina pour elle-même. Elle tremblait à l'avance de l'affrontement entre Amanda la Terrible et Hilda la Zappeuse la plus rapide du monde !

— Rends-lui sa pièce ou tu t'en repentiras, avertit l'apprentie sorcière.

— C'est une menace ?

— Non, un conseil.

— Qu'est-ce qu'elle peut me faire ? Elle ne sait même pas parler !

Sabrina haussa les épaules :

— Tu ne pourras pas dire que je ne t'ai pas prévenue !

— Ça y est, ta chambre est prête ! s'exclama

Marigold du haut de l'escalier. Je pense qu'on a tout remis en état...

— À moi, ça ! babilla Hilda en tendant la main vers la pièce du puzzle. À moi !

— Tu l'auras quand je serai partie, rétorqua Amanda.

— D'accord ! dit Hilda.

Et elle zappa Amanda, qui disparut. La pièce en bois tomba sur le parquet. Hilda la ramassa, la mit en place, puis contempla son œuvre :

— Tout fini peuz' !

— Super ! s'écria Marigold avec un sourire tendu. Mais qu'as-tu fait d'Amanda ?

— Amanda partie ! Pu là !

Et la petite fille montra le puzzle :

— À moi, ça !

— Oui, très bien, mais où est partie Amanda ?

— À moi, ça ! répéta Hilda pour la énième fois en prenant le puzzle.

Marigold le lui arracha des mains :

— Je te le rendrai quand j'aurai retrouvé Amanda.

— D'accord !

Hilda zappa Marigold, et Marigold disparut. Sabrina regarda sa tante remettre une pièce qui était tombée. Comme les sorts que jetait Hilda n'étaient pas définitifs, la mère et la fille finiraient de toute manière par se retrouver ici. Mais quand ?

— Ai encore gagné ! annonça triomphalement Hilda.

Elle montrait le puzzle de nouveau complet à Sabrina, qui l'applaudit prudemment. La tristesse l'envahissait. Elle ne croyait plus trop en ses chances d'être prête pour le rendez-vous avec Harvey... Il était hors de question de laisser Hilda sans surveillance. La seule solution : trouver l'antidote !

L'apprentie sorcière repéra le carnet de notes de Zelda et s'en empara.

— À moi, ça ! brailla aussitôt l'insupportable Hilda.

Sabrina hocha la tête sans maugréer. Si elle donnait le carnet à Hilda, ses chances de trouver l'antidote étaient infimes. Mais si elle ne le lui donnait pas, Hilda la zapperait, et ce serait encore pire.

La jeune fille tendit le carnet à Hilda.

14

Sabrina prend les choses en main

Sabrina dressa un rapide bilan de la situation. Il tenait en une phrase : « Il est sept heures et rien ne va plus. »

Devant elle, un écran d'ordinateur où s'affichaient les notes prises par tante Zelda quand elle préparait l'élixir de jeunesse. À sa droite, son manuel de sorcellerie, qui complétait parfois utilement ses connaissances.

Pour autant, tout n'était pas toujours très clair :

« Toutes conditions étant égales par ailleurs, une pincée de poudre d'antilope d'Afrique, pilée une nuit de pleine lune exclusivement, annihile les effets d'une décoction de racine, pure ou non, préparée dans un chaudron de cuivre, à condition que n'y aient été mêlés ni serpolet, ni sauge, ni romarin, ni thym », lut ainsi l'apprentie sorcière.

Avisant la Poupée Zelda, elle demanda :

— Cela veut-il dire qu'il ne faut pas mélanger ces quatre ingrédients ? ou qu'aucun ne doit entrer dans la composition de la décoction ?

La poupée resta silencieuse.

— Très bien. Merci beaucoup pour ton aide, tante Zelda.

Pour couronner le tout, Hilda avait le hoquet. C'était agaçant, mais, en même temps, cela l'empêchait de lancer trop de sorts catastrophiques.

Sur son portable, l'apprentie sorcière avait retrouvé quelques notes que Zelda avait griffonnées sur la composition de l'antidote. D'après elle, il fallait isoler certains éléments de la formule initiale. Lesquels ? Mystère et boule de gomme ! Sabrina tenta le tout pour le tout. Elle pointa l'index sur l'ordinateur et chantonna :

Que tous les ingrédients qui influent sur nos âges
S'affichent sur l'écran sans tarder davantage !

L'effet était loin d'être garanti... Et pourtant, le sort fonctionna à merveille. Bientôt, l'écran se remplit d'ingrédients pouvant entrer dans la composition des élixirs de jeunesse.

— 'abrina, dit Hilda d'une petite voix plaintive. Faim.

— Mmm, bougonna la jeune fille.

Ce n'était pas le moment de la déranger ! Elle allait devoir trier ces éléments pour élaborer une formule susceptible de sauver toute la maison Spellman...

— Mais, ai faim, moi, reprit Hilda.

— Deux secondes, implora Sabrina. Je suis sur le point de découvrir l'antidote, alors...

— Faim ! hurla Hilda. Ai faim, ai très faim, veux très beaucoup manger !

L'enfant se mit à crier. L'apprentie sorcière ne se laissa pas fléchir. Sa tante comprit qu'elle avait intérêt à faire vibrer une autre corde. Elle éclata soudain en sanglots. Sabrina craqua aussitôt.

— Ça va, arrête ce gros chagrin, je vais m'occuper de toi.

— Oui ! Occuper moi !

La jeune fille aurait mille fois préféré ne pas s'interrompre dans son travail. Mais une Hilda satisfaite était moins dangereuse qu'une Hilda en colère. Et, de toute manière, Sabrina n'aurait pas supporté de l'entendre sangloter une seconde de plus. Elle l'emmena dans la cuisine et pointa l'index sur une assiette.

— Et, hop ! une délicieuse bouillie d'avoine

avec plein de fromage râpé ! dit-elle avec un grand sourire.

— Beurk ! Pas bon ! répondit sa tante en grimaçant.

— Comment ça, pas bon ? Tu n'as même pas goûté !

— Pas bon, pas bon, pas bon ! trépigna Hilda.

— D'accord, ne t'énerve pas !

Sabrina fit disparaître la bouillie d'avoine. Puis elle pointa de nouveau l'index, faisant surgir un appétissant hachis parmentier. Hilda piqua une nouvelle crise. Sabrina lui proposa une assiette de bœuf bourguignon.

— Aime pas ! cria sa tante.

Sabrina sentit la moutarde lui monter au nez :

— Je t'accorde une dernière chance, Hilda. Si tu n'aimes pas ça, tu n'auras rien !

Et, *poffffff !* Un hot dog et une grosse barquette de frites se matérialisèrent sur la table.

— Youpi ! Meffi, 'abrina ! lâcha la gamine, la bouche pleine.

Sabrina, stressée, jeta un coup d'œil à sa montre. Sept heures un quart.

— Hilda, je suis à côté, d'accord ? Je retourne au laboratoire. Mais je peux te voir par la porte, compris ? Appelle-moi quand tu auras fini !

L'apprentie sorcière zappa un petit verre de

lait, puis elle quitta la pièce. C'était maintenant ou jamais qu'elle devait faire la preuve de son talent... si elle en avait. Elle s'assit derrière l'ordinateur et lança un programme pour sélectionner les ingrédients les plus efficaces et entreprit de préparer sa potion selon la loi des proportions applicables aux antidotes.

— Ai fini ! cria Hilda depuis la cuisine. 'abrina ! Ai fini !

— J'arrive !

La jeune fille se leva à contrecœur :

— Ça t'a plu ?

— Oui.

— Tu en veux un autre ?

— Oui !

L'apprentie sorcière fit apparaître un second hot dog et retourna en hâte au laboratoire. Elle mélangea les poudres indiquées et versa le tout dans un petit récipient. Il n'y avait plus qu'à ajouter du venin de...

— 'abrina !

— Un instant, Hilda.

Si elle parvenait à confectionner l'antidote avant que Hilda ait fini de manger, elle réussirait peut-être à le lui faire avaler.

— Mais, euh, 'Brina ! Veux descendre !

L'apprentie sorcière grinça des dents.

— Est-ce que tu veux un dessert, ma chérie ? demanda-t-elle d'une voix suave.

— ’sert ?

— Oui, un dessert. C’est délicieux, tu vas voir.

— Veux glace.

— De la glace ? Parfait. Je t’apporte ça tout de suite.

« Et une boule de vanille, une ! Saupoudrée d’une pincée d’antidote, c’est un délice ! » songea-t-elle.

Au moment de l’apporter à Hilda, elle aperçut une ligne en gras, tout en bas de la recette :

Attention ! Le non-respect des proportions exactes peut entraîner des effets secondaires.

« Des effets secondaires ? Mais lesquels ? » Sabrina était désespérée : s’il fallait trouver des antidotes à l’antidote, elle ne s’en sortirait jamais !

— Veux glace ! hurla Hilda.

L’apprentie sorcière inspira à fond. Après tout, elle devait tenter sa chance. La situation ne pouvait pas être pire que ce qu’elle était actuellement. Si cette potion ne marchait pas, tout était perdu. Alors...

— Voilà la glace ! annonça-t-elle, triomphale, à Hilda.

Hilda eut l’eau à la bouche en voyant son dessert :

— Meffi, 'abrina !

Et elle plongea sa cuillère dans la boule de vanille. Elle la porta à ses lèvres et la recracha aussitôt :

— Beurk ! Caca !

Sabrina sentit un frisson la parcourir :

— Comment de la glace pourrait-elle être caca, Hilda ? Goûte encore.

Hilda obtempéra. Elle fit la moue, puis hocha la tête en souriant :

— Bon.

Elle engloutit le contenu de la coupelle et en réclama une autre. Sabrina pointa une seconde boule de vanille, étonnée qu'il ne se passe rien.

« Pourvu qu'il n'y ait pas que des effets secondaires ! pensa-t-elle. Pourvu qu'il y ait aussi des effets primaires ! Pourvu que ça marche ! »

— Enco', 'abrina. Enco' glace...

Sabrina allait s'exécuter quand la potion fit enfin son effet. La petite Hilda se transforma en grande Hilda. Sabrina s'empressa de lui zapper des habits adéquats. Salem, en train de se faire les griffes sur la chaise de la fillette, battit précipitamment en retraite.

Hilda ne disait mot. Sabrina frissonna. Et Hilda, redevenue grande, s'écria :

— Enco' glace, 'abrina !

15

Tout est bien qui finit bien

— Quelqu'un pourrait-il m'expliquer ce que je fiche avec une coupelle de glace vide à la main ? Et qu'on ne me dise pas que c'est moi qui l'ai mangée ! Je suis au régime !

— Tante Hilda ? appela Sabrina.

— Oui ? répondit Hilda en tentant de cacher la coupelle. Que... que se passe-t-il ? Je ne me souviens plus de rien. Est-ce que je me suis évanouie ?

— Je t'expliquerai plus tard, mais tu as du pain sur la planche.

— Que veux-tu dire ?

— Tu dois inverser des tas de sorts.

— Moi ? Tu es sûre que tu ne me confonds pas avec la fille de Marigold ?

Sabrina poussa un long soupir :

— En deux mots : Amanda t'a empoisonnée avec la potion de tante Zelda.

— Hein ?

— En fait, c'était une erreur. Le poison était destiné à Marigold.

— Ce n'est pas une excuse, dit tante Hilda. Et je suis donc devenue...

— ... une petite fille de deux ans et demi à l'index sensible, compléta Sabrina.

— Je vois... Que reste-t-il de la planète ?

— Bonne nouvelle : tu ne l'as pas détruite ! En revanche, tu as fait disparaître Marigold et Amanda.

— J'ai eu raison. Pour une fois que j'avais un prétexte pour me défouler...

— Le problème, c'est que tu t'es aussi attaquée à tante Zelda. Tu l'as transformée en poupée, regarde...

— Oh, non !

— Est-ce que tu peux inverser les sorts que tu as jetés quand tu n'étais qu'une gamine ?

— Sans problème. Sauf que je n'ai aucune envie de rapatrier Marigold et son insupportable gamine. Mais Zelda, c'est autre chose ! Je veux qu'elle redevienne normale.

La poupée ne bougea pas.

— Tante Hilda ?

Sabrina regarda sa tante. Au lieu d'observer la poupée, elle s'intéressait au tube à essai bleu irisé qui avait suscité sa colère.

— Redonne à tante Zelda sa forme normale, l'implora Sabrina, mal à l'aise.

— Ça vient, ça vient...

En effet, Zelda grandissait peu à peu. Soudain, elle arracha l'éprouvette à Hilda.

— Ne touche pas à ça !

— C'est à moi ! fulmina Hilda en jetant un œil noir à sa sœur.

— Hilda ! s'exclama celle-ci. Tu es de nouveau comme avant !

— C'est mon tube !

— Euh... bien sûr..., temporisa Zelda.

Du regard, elle interrogea Sabrina. L'apprentie sorcière fit une fois de plus le résumé des derniers événements.

— Hilda t'a transformée en poupée. Elle a envoyé Amanda et Marigold Dieu sait où. J'ai utilisé tes notes et ton ordinateur pour fabriquer un antidote. Et je l'ai administré à tante Hilda. Ça a marché, mais il semble qu'elle ait conservé quelques traces de son expérience...

— Ça ne m'étonne pas vraiment.

Zelda se tourna vers sa sœur :

— Tu peux garder le tube à essai. Au moins jusqu'à ce que je trouve un moyen d'éliminer les derniers effets secondaires...

— Merci, dit Hilda. C'est un si joli flacon !

— Et Salem ? s'enquit Zelda.

— C'est encore un chaton. Je n'ai pas eu le temps de le traiter.

— Et il est en train de monter à l'assaut de ma jambe, le petit coquin !

Sabrina zappa une boulette de poisson. Après l'avoir trempée dans l'antidote, elle la tendit à Salem. Le chaton la mordilla, puis en avala deux grosses bouchées.

Il ne se passa rien. Mais Sabrina était rodée :

— Ça met un peu de temps à faire son effet, expliqua-t-elle.

— Est-ce que l'élixir a été efficace ? demanda le chat dès qu'il eut retrouvé sa taille. Ai-je l'air plus jeune ?

— Euh... comment te sens-tu ?

— Ni plus jeune, ni... Si, j'ai très envie de grimper sur quelque chose, comme si j'étais un chaton...

— On arrangera ça, dit Zelda en souriant.

— Mais ce n'est pas tout, rappela Sabrina. Tante Hilda, tu as lancé un sort à Amanda, ce matin, pour la renvoyer chez elle. Il a ricoché et, à cause de lui, je n'arrête pas de me téléporter malgré moi.

— Je m'en occupe tout de suite, Sabrina !

Et Hilda chantonna :

Fini de te téléporter,
Contre ton gré, Sabrina !

Désormais je te dis d'aller
Où tu le veux, et rien que là !

L'apprentie sorcière frissonna. Elle entendit un petit « pof » et se sentit soulagée pour la première fois depuis le début de la matinée.

— Je suis sincèrement navrée que tu aies dû subir toutes ces épreuves, Sabrina. Je ne m'étais pas rendu compte que le sort avait raté Amanda...

— Maintenant que c'est terminé, je trouve que j'ai vécu une journée intéressante... avec plus de peur que de mal ! Mais, si ça ne te dérange pas, je préfère vérifier que je ne risque plus rien.

— Ça ne me vexe pas du tout, Sabrina. Au contraire, je me sentirais moi-même plus rassurée.

Sabrina alluma la télévision. Il allait être huit heures. Elle tomba sur la bande-annonce de *Mission impossible 2*... et éprouva un petit pincement au cœur en constatant qu'elle n'arrivait pas à rejoindre le divin Tom Cruise. Elle était toujours dans le salon à la fin de la page de publicité.

Par mesure de précaution, elle zappa sur le journal télévisé. Elle respira quand elle s'aperçut qu'elle ne se retrouvait pas au milieu d'une guerre.

Soudain, une main la secoua :

— Pousse-toi, Sabrina, veux voir dessins animés !

Elle se retourna. C'était tante Hilda, qui, à l'évidence, gardait quelques traces de son retour en enfance.

— Excuse-moi, ajouta-t-elle, je ne sais pas ce qui me prend...

— Ce n'est pas grave, tante Hilda : j'ai un rendez-vous, il faut que je file.

— Le sort est bien inversé ?

— Oui, c'est parfait !

Sabrina se leva. Elle allait se téléporter à son rendez-vous, quand elle vit devant elle... le Maître de Magie en tenue de soirée. Il lui sourit :

— Je passe juste pour t'informer d'une bonne nouvelle : tu as obtenu un vingt sur vingt.

— Super ! Mais pourquoi ?

— Tu as trouvé un antidote difficile, je me suis dit qu'il fallait te récompenser. C'est quelque chose que seules les sorcières extrêmement douées peuvent réussir...

— Merci... Merci beaucoup. Mais, vous savez, il reste certains effets secondaires qui...

— Des effets secondaires ?

— Trois fois rien, s'empressa de rectifier Sabrina. Quelques traces d'enfance dans l'attitude de tante Hilda.

— Pfff ! ricana le Maître de Magie J'ai toujours pensé que Hilda était une gamine qui n'avait pas grandi. Quoi d'autre ?

On sonna à la porte d'entrée.

— Eh bien... Salem garde des attitudes de chaton...

— Chat, chaton, c'est du pareil au même. Non, vraiment, tu as bien travaillé, Sabrina ! D'ailleurs, je dois te quitter car Vénus arrive et...

Le Maître de Magie s'élança aux trousses de sa bien-aimée et disparut.

On sonna.

— Monsieur Kraft ! s'exclama Sabrina en ouvrant la porte.

— J'ai rendez-vous avec votre tante Hilda. Auriez-vous l'obligeance de m'annoncer, je vous prie ?

— Euh... Bien sûr. Tante Hilda, c'est M. Kraft.

Hilda s'avança en trottinant.

— Aimez-vous les dessins animés, Williard ?

— Et vous ? demanda prudemment M. Kraft.

— Je vous ai posé la question d'abord, répliqua la sorcière.

— J'adore les dessins animés, répondit précipitamment son soupirant.

— Dans ce cas, soyez le bienvenu, Williard. Il y a justement sur le câble de très bonnes rediffusions d'anciens Walt Disney. Venez ! lui ordonna-t-elle en le prenant d'autorité par la main.

— Vous êtes une femme de tête, Hilda, soupira M. Kraft, conquis. Ça me plaît !

— Sabrina ! appela Salem au moment où la jeune fille allait quitter la maison. Est-ce que tu pourras rappeler à Hilda sa promesse, au sujet des repas qu'elle me doit ?

— Elle te doit des repas ?

— Des côtelettes, des pommes de terre frites et des sushis. C'était la condition pour que je teste l'élixir de jeunesse avant elle.

— Pourquoi ne le lui dis-tu pas toi-même ?

— Parce que... apparemment, tu es la seule à pouvoir lui parler sans courir trop de risques !

Sabrina accepta.

En haut de l'escalier, elle entendit Marigold et Amanda qui se disputaient, et Zelda qui tentait de les calmer. Les deux horreurs de l'Autre Royaume étaient donc de retour !

— La vie reprend..., murmura Sabrina.

« Une vie pleine de rebondissements », songea-t-elle en récapitulant tout ce qui venait de lui arriver en une journée. Puis elle pensa à ce qui l'attendait encore et se prit à chantonner :

« Je vais bien, tout va bien ;
Je suis gaie, tout me plaît...
Surtout Harvey ! »

Et elle se téléporta auprès du bel Harvey... de son plein gré, cette fois.

Sabrina
l'apprentie sorcière

1. Une rentrée pas ordinaire
2. Une rivale inattendue
3. Un Noël presque parfait
4. Un invité surprise
5. Un amour de sorcière
6. Un week-end très mouvementé
7. Une journée d'enfer
8. Un lundi hallucinant
9. Sabrina fait des mystères
10. Détective de choc !
11. La fête des sorcières
12. Le bal de la Pleine Lune
13. La double vie de Sabrina
14. Un défi pour Sabrina

La magie de Sabrina (Hors-série)

Et pour les plus jeunes :

Salem
le chat de Sabrina

1. Salem à la télé
2. Salem à l'école
3. Piégé dans l'Histoire !
4. Attention au sort !
5. Un après-midi de chien
6. Allô, Salem ?
7. Salem est jaloux
8. Libérez Salem !

Cet ouvrage a été composé par
PCA - 44400 REZE

Imprimé en France sur Presse Offset par

BRODARD & TAUPIN

GROUPE CPI

La Flèche (Sarthe), le 30-05-2002
N° d'impression : 12561

Dépôt légal : mars 2002

POCKET
jeunesse

12, avenue d'Italie • 75627 PARIS Cedex 13

Tél. : 01.44.16.05.00